中国古代传统美德经典故事丛书

绘图信节经典故事

邓启铜 注释

东南大学出版社
SOUTHEAST UNIVERSITY PRESS

图书在版编目（CIP）数据

绘图信节经典故事／邓启铜注释．—南京：东南大学出版社，2015.9
（中国古代传统美德经典故事丛书）
ISBN 978-7-5641-5929-0

Ⅰ.①绘… Ⅱ.①邓… Ⅲ.①品德教育-中国-青少年读物 Ⅳ.①D432.62

中国版本图书馆CIP数据核字(2015)第169101号

绘图信节经典故事

责任编辑	彭克勇
封面设计	林绵华
出版发行	东南大学出版社
社　　址	南京市四牌楼2号　邮编：210096
出 版 人	江建中
网　　址	http://www.seupress.com
印　　刷	东莞市信誉印刷有限公司
开　　本	787mm×1092mm　1/16
印　　张	12.5
字　　数	250千字
版　　次	2015年9月第1版
印　　次	2015年9月第1次印刷
书　　号	ISBN 978-7-5641-5929-0
定　　价	24.80元

东大版图书若有印装质量问题，请直接向营销部调换　电话：025-83791830

前言

中华优秀传统文化是习近平总书记十八大以来治国理念的重要来源。一个国家一个民族的强盛总是以文化兴盛为支撑的，没有文明的继承和发展，没有文化的弘扬和繁荣，就没有中国梦的实现。

目前，举国上下都在践行社会主义核心价值观，即"富强、民主、文明、和谐、自由、平等、公正、法治、爱国、敬业、诚信、友善"，就其本质，与我们中华传统美德提倡的"四维八纲"即"孝悌忠信，礼义廉耻"是一致的。

民国初年，湖州老儒蔡振绅从小受父亲每晚讲一段古人嘉言懿行的故事教诲，他七岁读完《四书》，十岁读毕《五经》，十一岁读完二十一史及《尔雅》诸书，有深厚的学养和德行。当时中国动荡不安，世风愈下，德教沦丧。蔡振绅先生立志将中国传统美德故事按"孝悌忠信，礼义廉耻"汇集起来教化世人，特别是对孩童进行传统美德的教育。他找到志同道合的朋友，以正史中的故事为依据，共集了七百六十八个精彩故事，配上精美版画，再配以诗词教导儿童，这些故事都是精挑细选，可歌可泣，读后感人至深，每则故事后引用当时贤达人士的评语，发人深省。

由于当时时局的动荡，这套《八德须知》未能在社会上广为流布。根据四集自序,当时上海战事忽起,"振绅以二集三万二千部仅寄出三分之一,其已印就而尚未装订者有二万余部在战场之中无法取出……当炮火最烈之日,案前墙垣被震摇动频有崩圮之虞,甚至窗门自动震开,且相离数丈之地发现炸弹一枚亦未爆裂,幸此心未动……。"可以想见此书之不易!所幸三年前我收集到此书,看到如此精美的版画,我惊艳无比!特别是读到这些经典美德故事,让人掩卷沉思。

弘扬优秀中国传统文化,移风易俗,拯救社会道德滑坡,必须从德育教育抓起。必须从中小学少年儿童抓起,这些美德故事,分为孝、悌、忠、信、礼、义、廉、耻八个方面,各九十六则经典故事,这些故事都是历史上耳熟能详的、感人肺腑的典故,少年儿童从小熟悉这些故事,不但可以将中华传统美德植根于内心,更可以熟悉历史,从而受益终生。当然,囿于作者当时所处的社会,他所选取的故事有些明显带有局限性。在今天看来,有些虽符合传统道德标准,却违背了人性,甚至是违背了法制精神。我们在阅读时,一定要注意取其精华弃其糟粕,才符合当前弘扬优秀传统文化的精神。

这些故事,每段仅有八十余字,非常适合少儿阅读,译者注释和翻译了全文。因涉及面太广泛,有些人名、地名未能查到,有些是原书中存在的错误,特别是地名的变迁,非常复杂,来不及细考。书中存在的错讹,敬请读者不吝赐教,以便修订时更正。

邓启铜
2015.6.12

目录

一	展禽轻鼎	002
二	季札挂剑	004
三	魏斯冒雨	006
四	季布一诺	008
五	刘平期贼	010
六	郭伋亭候	012
七	朱晖许堪	014
八	张劭待式	016
九	韩康卖药	018
十	陈寔期行	020
十一	卓恕辞恪	022
十二	羊祜推诚	024
十三	曹摅约囚	026
十四	何远一缣	028
十五	高允不妄	030
十六	魏徵妩媚	032
十七	戴胄守法	034
十八	宋璟责说	036
十九	子仪见酋	038
二十	道琮觅殡	040
二十一	曹彬激诚	042
二十二	宗道实言	044
二十三	蔡襄完愿	046
二十四	陈瓘自责	048
二十五	定姜戒诬	050
二十六	溧女投水	052
二十七	贞姜待符	054
二十八	越姬信心	056
二十九	母师止闾	058
三十	义母践诺	060
三十一	高行刑余	062
三十二	陈妇一诺	064
三十三	荀采粉书	066
三十四	令女毁形	068
三十五	魏房泉壤	070
三十六	贾董封发	072
三十七	史叶遵嘱	074
三十八	范吕立志	076
三十九	王梁死约	078
四十	程妻守鞋	080
四十一	解胡截耳	082
四十二	钱林心许	084
四十三	潘金止旌	086
四十四	李王践盟	088

四十五 刘冯钉肉 …………… 090	七十一 杨荣谏征 …………… 142
四十六 郭李诞女 …………… 092	七十二 春芳践姻 …………… 144
四十七 璧枝不负 …………… 094	七十三 邓曼抚民 …………… 146
四十八 玉贞无妄 …………… 096	七十四 卫姬信行 …………… 148
四十九 荀息践言 …………… 098	七十五 敫女保国 …………… 150
五十　 共华待死 …………… 100	七十六 罗静自誓 …………… 152
五十一 解扬承命 …………… 102	七十七 叔先梦期 …………… 154
五十二 州犁释甲 …………… 104	七十八 昌蒲慎言 …………… 156
五十三 赵武信本 …………… 106	七十九 丰妻裙带 …………… 158
五十四 包胥乞师 …………… 108	八　十 柳妃同穴 …………… 160
五十五 范式素车 …………… 110	八十一 淑英守志 …………… 162
五十六 邓训纳胡 …………… 112	八十二 璘女截耳 …………… 164
五十七 赵柔一言 …………… 114	八十三 张女不诬 …………… 166
五十八 傅岐约囚 …………… 116	八十四 秦柴遵嘱 …………… 168
五十九 怀古赴獠 …………… 118	八十五 八娘守誓 …………… 170
六　十 李源赴约 …………… 120	八十六 妙清劈面 …………… 172
六十一 姚顗化工 …………… 122	八十七 冬梅践言 …………… 174
六十二 司徒投经 …………… 124	八十八 张台红悦 …………… 176
六十三 蒙正三对 …………… 126	八十九 项女不负 …………… 178
六十四 狄青无欺 …………… 128	九　十 张洪誓茔 …………… 180
六十五 赵抃告天 …………… 130	九十一 卢女慰父 …………… 182
六十六 庭式心许 …………… 132	九十二 王陈抱子 …………… 184
六十七 文同叠舌 …………… 134	九十三 汪孙先决 …………… 186
六十八 孙固诚粹 …………… 136	九十四 宙姐六日 …………… 188
六十九 安世不妄 …………… 138	九十五 王卢俟秋 …………… 190
七　十 姚雄许女 …………… 140	九十六 张邵受托 …………… 192

季布一诺图

一 展禽轻鼎

周鲁展禽
不假岑鼎
君请言之
弃信不肯

[原评] 鲁君之以他鼎与齐，为重鼎也。然国之不存，鼎亦何有？欲免其国，复免其鼎，二者不可得兼。柳下惠若言之，则既免其国，又免其鼎，似可一举两全，乃以不肯弃信为辞。其直道事人可见矣。

【原文】 周鲁展禽,名获,字季,居柳下①。齐攻鲁②,求岑鼎③。鲁君以他鼎往,齐侯反之④,曰:"必令柳下季来言,吾信之。"鲁君请于季,对曰:"君之欲以为岑鼎也,以免国也⑤。弃臣之信,以免君之国,亦臣之所难也。"公乃以真岑鼎往。

【注释】 ①柳下:春秋鲁地。在今山东新泰市柳里(夏家隅)。一说在今河南濮阳市柳下屯(柳屯)。②齐:国名。西周分封的诸侯国,姜姓。周武王封吕尚于齐,当今山东之地。③岑鼎:鲁国宝鼎,因形高而锐,类岑(小而高的山)之形,故名岑鼎。《韩非子》作"才鼎"。④反:回归,返回。⑤免:脱去祸患。

【译文】 周朝时,鲁国的展禽,名获,字季。他住在叫柳下的地方,因此人们称他为"柳下季"。有一年,齐国军队来攻打鲁国,要求得到鲁国的一只宝器岑鼎,鲁国国君把别的鼎送了去。齐侯把这只假岑鼎返送回来,并且说:"一定要让柳下季来说明这是真的岑鼎,我才相信。"鲁国的国君向柳下季求情。柳下季对国君说:"我君上之所以想要把假岑鼎充作真岑鼎,是为了避免国家的灾祸。可是丢掉了我的信用,来避免国家的灾祸,这也是我所为难的啊。"鲁公听了,才把真的岑鼎送了过去。

一 展禽轻鼎

二 季札挂剑

【原评】人之所贵者心。言者,心之声也。言而无信,不知其可也。季札之赠徐君以剑,未有言在先也,况徐君已死乎?乃竟割爱,挂剑于墓树而去,且曰:"始吾已心许之,岂以死背吾心哉?"落落两言,千古不朽矣!

【原文】 周吴季札①,封于延陵②,故号延陵季子。聘鲁,过徐③。徐君好季子剑,口不敢言。季子心知之,为使上国未献④。及反,徐君已死。解剑,挂其冢树而去⑤。从者曰:"徐君已死,尚谁予乎?"季子曰:"始吾已心许之,岂以死背吾心哉⑥?"

【注释】 ①吴:姬姓国,周太王封长子太伯及次子仲雍于吴,仲雍十七世至去齐,去齐之子寿梦,都姑苏,始称吴王。吴国自寿梦时始强,再传五王至夫差而被越王勾践所灭。②延陵:古邑名。春秋吴邑,公子季札因让国避居(一说受封)于此。故址在今江苏常州市。③徐:国名。故城在今安徽省泗县北。周初徐戎所建,曾联合淮夷共同抗周,公元前512年为吴所灭。④上国:春秋时对齐、晋等中原诸侯国的称呼,相对于吴、楚诸国而言。⑤冢树:墓前之木。⑥背:违背。

【译文】 周朝时吴国的季札,因为受封于延陵一带,所以被称呼为"延陵季子"。延陵季子要去访问鲁国,经过徐国。徐国国君心里很喜欢季子身上佩带的一把宝剑,可是嘴上不敢说。季子心里知道这件事,但是为了出使上国的任务,就没有把宝剑献给徐国国君。等到季子返程回来,徐国国君已经死了。季子解下宝剑,挂在徐国国君坟墓边的树上就离开了。随从他的人问道:"徐国国君已经死了,你还把宝剑挂在这里给谁呢?"季子回答说:"之前我已经在心里答应要把宝剑送给徐国国君了,怎么能因为他死了就违背我自己的心愿呢?"

二 季札挂剑

三 魏斯冒雨 sān wèi sī mào yǔ

文侯魏斯与虞人期冒雨而往身自罢之

【原评】文侯之德尚矣！当韩借师于魏以伐赵，则曰："赵，兄弟也，不敢闻命。"赵借师于魏以伐韩，对亦如之，二国皆怒。后知其讲于己也，皆朝于魏。观其当乐不忘期，冒雨而赴野，于虞人且如此，况兄弟乎？

【原文】周魏斯①,本为晋大夫。威烈王廿三年②,命为诸侯,是为魏文侯。尝与虞人期猎③,是日饮酒乐,天雨。文侯将出,左右曰:"今日饮酒乐,天又雨,公将焉之④?"文侯曰:"吾与虞人期猎,虽乐,岂可无一会期哉?"乃往,身自罢之⑤。

【注释】①魏:国名。在今河南北部及山西西南部之地。②廿:二十。③虞人:掌管山泽苑囿及田猎的官员。期:约会。④焉之:到哪里去。⑤罢:停止,取消。

【译文】周朝时的魏斯,原本只是晋国里的大夫。在周朝威烈王二十三年的时候,他被任命为诸侯,也就是魏文侯。他曾经和职掌苑囿田猎的虞人约定打猎的时间,到了约定的那一天,魏文侯喝酒喝得很欢乐,天又下着雨。魏文侯将要出去,左右侍臣说:"今天喝酒喝得很欢乐,天又下着雨,您将要到哪里去呢?"魏文侯回答道:"我和虞人约定了打猎的时间,虽然喝酒快乐,怎么能不遵守约定呢?"于是前往,亲自去和虞人取消了打猎这事。

三 魏斯冒雨

四 季布一诺

【原评】子路无宿诺,恐其偶忘失信,故不敢宿诺也。季布无二诺,盖其言必有信,故不至二诺也。无宿诺难,无二诺则更难。黄金百斤之重,尚不及其一诺。其一诺之重可知矣!子路之后,当首屈一指。

【原文】汉季布,无二诺①。为河东太守时②,诋曹邱生于窦长君③。曹邱生请见曰:"楚人谚云④:'得黄金百斤,不如得季布一诺。'足下何以得此声于梁楚间哉⑤?且仆楚人,足下亦楚人,何拒仆之深也?"布大悦,厚赠之。由是名益著。

【注释】①诺:答应,允许。二诺:谓轻作许诺。②河东:黄河流经山西省境,自北而南,故称山西省境内黄河以东的地区为"河东"。③诋:诬蔑,毁谤。④谚:俗语。⑤梁楚间:川、陕、湖南等处。

【译文】汉朝时期的季布,不作二诺,一旦承诺某一件事,绝对不会反悔。他在河东做太守的时候,向窦长君说了曹邱生的坏话。曹邱生请求见季布,对季布说道:"楚人有句谚语说:'得到黄金百斤,比不上得到你季布的一句诺言。'您怎么能够在梁、楚一带有这种声誉呢?况且我是楚地人,您也是楚地人,为什么要这样坚决地拒绝我呢?"季布听了非常高兴,就把很丰厚的物品送给曹邱生。从此以后,季布的名望愈加显扬。

五 刘平期贼

【原评】平之将烹也,哀求饿贼,愿归食母,还就死。贼哀而遣之,是其孝之化贼也!既食母竟,禀明而诣贼。贼义而还之,乃其信之化贼也!孰谓盗贼尽丧其天良哉?孰谓盗贼终不可化哉?亦自问德行何如耳!

【原文】汉刘平,扶母避乱。出求食,逢饿贼,将烹之。平叩头曰:"今为母求菜,愿得归食母①,还就死。"贼哀而遣之。平还,食母讫②。禀曰:"与贼期③,义不可欺。"遂诣贼④,众大惊。相谓曰:"尝闻烈士,今乃见之。子去矣!吾不忍食子。"遂得全。

【注释】①食:拿东西给人吃。②讫:完结,终了。③期:要约。④诣:前往,去到。

【译文】汉朝人刘平,扶着母亲逃避祸乱。有一天他出外去寻求食物,遇见一群饥饿的强盗,他们想把他煮了吃掉。刘平叩着头说道:"现在我为了母亲去寻找野菜,希望能够让我回去把野菜给母亲吃了,再回来受死。"强盗们听了也很可怜他,就把他释放了。刘平回到家里,把野菜给母亲吃完,禀告母亲说:"儿子和强盗们约好了要回去就死,就道义来说,不可欺骗他们。"于是就到了强盗那里,强盗们看见了,大吃一惊。大家互相说道:"曾经听人说过烈士,现在才亲眼见到了。你走吧!我们不忍心吃你。"于是才得以保全了性命。

六 郭伋亭候
liù guō jí tíng hòu

【原评】以太守之尊，与竹马童儿道旁偶语，乃以不肯失信于儿童，先归一日，宁止野亭以候期，可谓信之至矣！虽守信不仅在然诺间，而即此小事推之，其开布大信可知，宜其有数百童儿迎拜之雅事也！

【原文】汉郭伋，字细侯，茂陵人①。为并州守②，素结恩德。后行部至西河③，童儿数百，各骑竹马④，迎拜于道。问使君何日当还，伋计日告之。既还，先一日。伋恐违信，遂止野亭，候期乃入。上以贤良太守称之。年八十六卒。

【注释】①**茂陵**：在陕西省兴平市东北。②**并州**：在今山西太原市。③**行部**：巡行所属部域，考核政绩。**西河**：在黄河西，故名。④**竹马**：儿童游戏时当马骑的竹竿。

【译文】汉朝的郭伋，字细侯，是茂陵人。他在并州做太守时，对待百姓们素来广结恩德。后来因为到下属处巡视，到达西河，有几百小孩，各人骑了一根竹竿做的马，在道路上迎着郭伋朝他礼拜。事情办完后，儿童们送别郭伋，问他什么日子才回来。郭伋计算了日子，把回来的时间告诉了他们。实际回来的时间比之前所预定的时间早了一天，郭伋恐怕失信于儿童们，于是就在野外亭中留宿，等到约定的日期才进城。皇帝称赞他是个贤良太守。后来郭伋到八十六岁时才去世。

六 郭伋亭候

七 朱晖许堪

朱晖信心
以待知己
张堪既亡
赡其妻子

【原评】许止净谓古人于一面之交、一言之托,终身不忘如此。无他,重自心之信义,轻身外之货财耳。按:晖又尝与陈揖交善,揖蚤卒,有遗腹子友。及南阳太守召晖子骈为吏,晖辞骈而荐友焉。附录以志之。

【原文】汉朱晖,字文季。蚤孤,有气节。张堪于太学中见之,甚喜,把臂语曰①:"欲以妻子托②。"晖不敢对③。及堪亡,妻子贫困。晖自往候视,厚周之④。晖子撷问曰:"大人不与堪为友。何忽如此?"晖曰:"堪尝有知己之言,吾已信于心也!"

【注释】①把臂:握住对方的手臂,表示亲密。②妻子:老婆孩子。③对:应答,回答。④周:通"週"。周济;救济。

【译文】汉朝时的朱晖,字文季。他很早就没有了父亲,可是他做人有气节。他的同乡张堪在太学里见到他,非常欢喜,就把着朱晖的手臂对他说:"我想把妻儿托付给你照顾。"朱晖听后不敢对答。等到张堪死了,家里的妻子孩子们贫苦穷困。朱晖亲自前往去看望他们,并且很丰厚地周济他们。朱晖的儿子朱撷问道:"父亲不曾和张堪做着朋友,为什么忽然对他的家人如此厚待与关心呢?"朱晖说:"张堪对我曾有知己相托之言,我已经在心里相信他是我的朋友了!"

七 朱晖许堪

八　张劭待式

張劭信友
必不失期
二年以後
雞黍候之

【原评】距千里之遥，积二年之久，定一日之期，无怪劭母之未敢信之也。而劭则信之深，可为式之知己。亦由式之信德，足以孚之耳！卒能如其约，省其亲，后复葬其身，护其眷，劭之信知己，可谓至矣尽矣！

【原文】汉张劭,与范式游太学。告归,式曰:"后二年某日,过拜尊亲。"届期①,劭告母具鸡黍候之②。母曰:"千里约言,尔何信之审耶?"劭曰:"巨卿信士,必不失期!"是日果至。后劭临终,谓妻曰:"范巨卿可托。"劭卒,式为营葬,护至临湘③。

【注释】①届:到。②鸡黍:丰盛的饭菜。③临湘:在今湖南省长沙市南。

【译文】汉朝的张劭,和范式同在太学里读书。张劭要回家向范式告别,范式对他说道:"后两年的某一天,我将前往拜访尊亲。"到了预定的日期,张劭告知母亲备办丰盛的饭菜等候范式。张劭的母亲说:"相隔着千里之遥的一个约定,你为什么相信得这么确切呢?"张劭说:"范巨卿是一个有信义的人,一定不会失约的!"当天范式果然到了。后来张劭将要死的时候,对妻子说:"范巨卿是可以付托的。"张劭死了,范式替他处理丧葬事宜,一直护送他们到了临湘。

八 张劭诗式

九 韩康卖药

韩康卖药不二其价
女子皆知避名山下

【原评】口不二价三十余年,女子皆知其名。其言必信,为何如耶?今之经商者,自夸真不二价。童叟无欺,独不及女子。若遇佼好妇女,辄选其货以诱之,廉其价以悦之,以视韩伯休,其亦有愧于中否?

【原文】汉韩康,字伯休。卖药长安市①,口不二价,三十余年。时有女子买药,康守价不二。女子怒曰:"公是韩伯休耶?乃不二价!"康叹曰:"我本避名,今女子皆知,何用药为?"遂隐霸陵山中②,屡征不起。桓帝聘之,中道遁去。

【注释】①长安:今陕西西安市长安区。②霸陵:在西安市东。

【译文】汉朝时候的韩康,字伯休。他在长安的市面上卖药,不说两样的价钱,卖了三十几年药。有一次,一个女子向韩康买药,韩康不肯让价。女子生气地说道:"你难道是韩伯休吗?竟然不二价!"韩康听后叹气说道:"我本来是为了隐姓埋名,才卖药的。现在连女子都知道我了,我还要卖药做什么呢?"于是在霸陵山里隐居,朝廷里屡次去征召他,他都不肯出去。桓帝聘请他出来,他在半路上逃走了。

十 陈寔期行

陈寔与友预订行期日中不至舍而去之

【原评】史称公行成乎身而道训天下,故凶邪不能以权夺,王公不能以贵骄。所以声教废于上,而风俗清乎下也。陈公道高德厚,今古同钦。子元方亦以至德称,即此一事观之,亦足见家教之莫及也。

【原文】 汉陈寔，与友期行，过期不至，舍去之。时元方七岁，立门外。友至，问尊君在否①，答曰："待君久不至，已去。"友怒曰："非人哉！与人相期，委而去②！"元方曰："君与家君期日中③，日中不至，则是无信；对子骂父，则是无礼。"友惭谢。

【注释】 ①尊君：对人父亲的敬称。②委：丢弃，抛弃。③家君：对人自称其父。

【译文】 汉朝陈寔与朋友相约出行，过了约定的时期，他的朋友还没有到，陈寔就不等朋友独自离开了。当时，他的儿子陈元方才七岁，站立在门外，陈寔的朋友到了，就问陈元方他的父亲在不在家里。陈元方回答道："等候您好久不到，已经独自离开了。"陈寔的朋友生气地说："真不是人啊！和人家相约出行，却不等人家而自己先走了。"元方说："您与我父亲约定在正午出行。正午您还不到，就是不讲信用；对着别人的儿子骂他的父亲，就是没有礼貌。"朋友感到很惭愧，就向元方道了歉。

十 陈寔期行

十一 卓恕辞恪

【原评】 恕与范式略同，而恕较甚于式。恪之信恕，亦更甚于劭。盖式则自约期于劭，恕则因恪问而率尔对以期。劭则仅告母具鸡黍以俟之，而恪且延宾客，停饮食以待之。其知之深也，实以其信之笃也。

【原文】吴卓恕,尝还会稽①,辞太傅诸葛恪②。恪问何日复来。恕言某日。至日,恪为主人,停不饮食,欲以须恕③。宾客咸曰:"会稽建康④,相去千里,道阻江湖,风波难期。"俄而恕至,一座皆惊。宾主酬酢⑤,尽欢而散。

【注释】①**会稽**:三国时会稽大约是今浙江省中部、西部和东南部,也包括福建部分地区。②**太傅**:官名。三公之一,位次于太师。③**须**:等待。④**建康**:今南京市。⑤**酬酢**:主客相互敬酒,主敬客称酬,客还敬称酢。

【译文】三国时期吴国的卓恕,曾经有一次因为要回到会稽去,所以向太傅诸葛恪辞行。诸葛恪问卓恕什么时候再来,卓恕说是某日。到了这一天,诸葛恪备了酒席,自己做着主人,停着杯筷不喝不吃,等候卓恕的到来。宾客们都说:"从会稽到建康,相隔有一千里远。并且道路上又被那么多江河湖泊所阻塞,水面起不起风波也难以预料啊。"过了一忽儿,卓恕果然到了。满座的宾客们都非常惊讶。于是宾主互相敬酒,大家极尽欢乐之后才散去。

十二 羊祜推诚

羊祜推诚
视敌如友
拒绝谲言
饮以醇酒

【原评】 古云："兵不厌诈。"乃羊祜之遇陆抗，战必克期，不为掩袭。有进谲计者，饮以醇酒，使不得言。故敌将服其药而不疑。敌国军民，闻其丧而罢市巷哭（巷哭：在里巷中聚哭。旧时常用作称颂官吏生前有善政者），其信之孚及敌人。伊古以来，除叔子外，更无有二。

【原文】晋羊祜,字叔子。镇襄阳①,与吴将陆抗接境。每交兵,克日方战②,不为掩袭之计。将帅欲进谲计③,祜辄饮以醇酒④,使不得言。抗遗祜酒,祜饮之不疑。抗疾,祜馈以药,抗即服之。人多谏抗,抗曰:"岂有酖人羊叔子哉⑤?"

【注释】①襄阳:今湖北襄阳市襄州区。②克日:限定日期。③谲:欺诈。④醇酒:味厚的美酒。⑤酖:以毒酒害人。

【译文】晋朝时的羊祜,字叔子。他带兵镇守襄阳,那个地方和吴国将军陆抗的防区相毗连。他们两边的军队每次交锋动兵,一定要预先约定日期才开战,不用突然袭击的计谋。军队里的将帅想进献奇谲的计策,羊祜就给他喝味厚的美酒,使他不能够说。陆抗送给羊祜酒,羊祜丝毫没有疑虑就喝了。陆抗生了病,羊祜拿药送给他,陆抗立刻就服下了。人多劝谏陆抗不要服这药,陆抗说:"哪里会有用毒酒害人的羊叔子呢?"

十三 曹摅约囚

曹摅岁夕
纵囚归家
刻日皆返
诚感靡涯

[原评] 许止净谓欧阳子论唐太宗纵囚为不合正道，亦是通论。乃曹君已先为之。且天子有专赦之权，而县令无之，囚岂不知，何以相率而至，并无遗耶？是知无不可感之人。其不可感者，仍是感之未至耳。

【原文】晋曹摅,为临淄令①。狱有死囚,岁夕行狱②,愍之,曰:"新岁人情所重,岂不欲暂归家耶?"囚泣曰:"若得暂归,死无恨也!"悉开出之,克日令还。掾吏固争③,摅曰:"此虽小人,义不见负,自为诸君任之。"至日,相率而至,并无遗者。

【注释】①临淄:今山东淄博市临淄区北。②行:巡视。③掾:古代副官、佐吏的通称。

【译文】晋朝的曹摅,是临淄县的县令。县狱里有死囚犯,曹摅在除夕的时候去牢狱里巡视,见到了这些死囚犯,心里很怜悯他们,说道:"过新年,在人情上是很重要的。你们难道不想回到家里去吗?"囚犯们都哭着说:"倘若能够回家,就是死也没有什么遗憾了。"曹摅就全部把他们放了出来,限定了日期让他们返回狱中。下属狱官怕这些犯人逃走,和曹摅争论,曹摅说:"这些人虽然都是小人,可是用恩义待他们不至于负义的,我就替诸位担当这个责任好了。"到了限定的日期,这些犯人相继回来,并没有缺少一个。

十四 何远一慊

【原评】疾富强如仇雠,视贫细如子弟,已为人情之所难,况言不妄发。得一语之寡,谢一慊之多,则伺之者必众,而竟不可得。世人每妄语,而苦不自觉耳。若以何远为法,每谢人一慊。或可以自知其妄乎。

【原文】南齐何远，字义方。生平言不妄发，每语人曰："卿若得我一妄语，则谢君一缣。"众共伺之①，终莫能得。梁武帝践阼②，封广兴男③。为太守时，疾强富如仇雠，视贫细如子弟。豪右畏惮④。公清第一，凡典郡所至⑤，民为立生祠⑥。

【注释】①伺：侦候。②践阼：即位；登基。③广兴：今广东韶关市曲江区。男：古第五等爵名。④豪右：犹言豪强。凡称霸一方者曰豪右。⑤典：主持；主管。⑥生祠：为活人建立的祠庙。

【译文】南北朝时期的南齐朝有一个叫何远的人，字义方。他平生不乱说话，每每对人说："你倘若听到我的一句假话，我就酬谢你一匹细绢。"许多人都在注意观察等候，终究不能听到他的假话。梁武帝登基做了皇帝之后，就封何远为广兴男爵。何远做太守时，痛恨那些豪强富霸，就像恨仇敌一样；而把那些无财势的小民则看作是自己的子弟一样。地方上的豪强地主都很畏惧他。何远公正清廉第一，凡是他做官所到的地方，百姓们都给他设立生祠。

十五 高允不妄

高允寶對
願受極刑
臨死無妄
壽享遐齡

【原评】许止净谓生死大事，自有定数，非推过于人，所能幸免。高公直陈己过，其初也不肯听恭宗之言，其继也宁死不敢作一妄语，故能身享遐龄，名重九鼎。於戏，可以风矣！

【原文】北魏高允①,见世祖,直言国书与崔浩同作②,且注疏多于浩。上大怒曰:"此甚于浩,安有生路?"太子曰③:"天威严重④,允迷乱失次耳⑤。"允曰:"臣罪应灭族,今已分死⑥,不敢虚妄。臣以实对,不敢迷乱。"世祖曰:"贞臣也!"宥之。

【注释】①北魏:北朝之一,公元386-534,鲜卑人拓跋珪所建,后来分裂为东魏和西魏。②国书:北魏之史。崔浩作此书而得罪。崔浩:南北朝时北魏的军事谋略家,因修国史的事情,犯了死罪被杀死了。③太子:即恭宗。时允为太子傅,故太子希望为他辩护。④天威:天子之威严。⑤失次:失常。⑥分死:定死;必死。

【译文】南北朝时北魏的高允,去见世祖皇帝,直说国书是他和崔浩一同做的,而且自己所做的注疏要比崔浩做的多。皇上听了大怒,说道:"这样的话,你的罪名比崔浩的还要大,哪里还有活路?"太子为高允解释道:"因为皇上的天威严肃稳重,所以高允的心神迷乱失常了。"高允说道:"我的罪名应当灭族,现在已经是必死的时候,不敢讲虚妄的话。我是以实情实话对答,并不敢迷乱。"世祖皇帝听了,说道:"你真是一个贞信的臣子!"就赦免了他的死罪。

十六 魏徵妩媚

魏徵妩媚 不肯面從 責上失信 應對從容

【原评】先君谓魏郑公守正不阿,能回主意。太宗创业赖玄龄,守成赖魏徵,故贞观之初,善政叠出,皆由徵谏诤所致。尝曰:"愿使臣为良臣,毋使臣为忠臣。"其绳愆纠谬,匡君不逮有如此。太宗以为人镜,信然。

【原文】 唐魏徵，事太宗。尝责上失信于民。谏有不从，帝与语，辄不应。帝曰："应而后谏，何伤？"徵曰："昔舜戒面从，臣心知其非，而口应陛下，是面从也，岂稷契事舜之意①？"帝笑曰："人言魏徵疏慢，我视之，更觉妩媚②，正为此耳！"

【注释】 ①**稷**：后稷，中国周朝的祖先。相传姜嫄践天帝足迹，怀孕生子，因曾弃而不养，故名之为"弃"。虞舜命为农官，教民耕稼，称为"后稷"。**契**：古人名，中国商朝的祖先，传说是舜的臣，助禹治水有功而封于商。②**妩媚**：姿态美好可爱。

【译文】 唐朝魏徵，服侍太宗皇帝。他曾经责问皇帝对百姓有失信的地方。每次他向皇帝进献的谏言，要是有不被皇帝采纳听从的，皇帝跟他讲话时，他就不答应。太宗皇帝说道："你答应我之后再来劝谏，又有何妨呢？"魏徵说："从前舜帝警诫他人面子上的服从。现在做臣子的倘若心里知道皇上的不是，却在口上勉强答应着皇上，这就是面子上的服从了，哪里是稷契服侍舜帝的初意呢？"皇帝就笑着说："别人家说魏徵做人疏慢，可是我看他的态度，更加觉得妩媚可爱了，正是这个缘故啊！"

十七 戴胄守法

【原评】许止净谓法律可取消命令,命令不能抵触法律,虽君主立宪国皆然。吾国君主专制数千年,命令法律,几无区别。甚至天子之命令,可随时取消法律。惟戴胄能知法为重,敕为轻,可谓大法律家矣。

【原文】唐戴胄,为大理少卿时①,太宗以选人多诈冒资荫②,敕令自首③,不首者死④。有诈冒事觉,上欲杀之。胄奏据法应流⑤。上曰:"卿欲守法,使朕失信乎?"对曰:"敕者,出于一时之喜怒;法者,国家所以布大信于天下也。"上从之。

【注释】①大理:掌刑法的官。少卿:官名。北魏太和时所设官名,北齐时为正卿的副职、隋唐至清亦沿置。②选人:候选之官员。资荫:子孙因祖先的功勋而享受的授官的资格。③敕:皇帝、帝王自上命下之词。④首:自首,犯人自己到有关部门去交代罪行。⑤流:放逐,流放,古代五刑之一。

【译文】唐朝的戴胄在做大理寺少卿官的时候,太宗皇帝因为那些候选人大都对自己的做官资历造假,所以下敕令让他们自首,不自首的人要被处死。后来有假诈冒替的事件被发觉了,皇上想要杀掉那人。戴胄上奏皇帝说根据法律应该把这诈冒的人流放。皇上说:"你想要遵守法律,而让我失信于天下吗?"戴胄对答道:"敕令是出于皇上一时的喜怒;法律是国家用来向天下公布大信用的。"皇上就听从了他。

十七 戴胄守法

十八　宋璟责说

【原评】许止净曰："易之欲诬元忠，引张说为证，许以美官，说既许之矣。后因璟责以大义，许以共死，乃不得不以实对。人贵有直友如此！然璟六子皆显贵，而说子俱受诛戮，殆本原心地，终有不同者耶？"

【原文】 唐宋璟,居官鲠直。张易之诬魏元忠有不臣语,引张说为验①。将廷辩②,说惶遽③。璟谓曰:"名义至重,不可陷正人以求苟免④。若不测者,吾且叩阁救,将与子偕死。"说感其言,以实对。元忠免死。璟累拜广平郡公⑤,以寿终。

【注释】 ①验:证据;凭证。②廷辩:在朝廷上辩论、质对。③惶遽:惊慌。④苟免:苟且免于损害。⑤广平郡:即今河北永年县。

【译文】 唐朝的宋璟,做官正直。那时张易之诬陷魏元忠有不守臣节、不合臣道的话,并引了张说作为见证,暗地里贿赂张说作诬证。后来要在朝廷上辩论对质,张说恐惧慌张。宋璟对张说说道:"一个人的名誉和义气至为重要,不可以陷害正直的人来图求自己的苟且无损。你倘若有个不测之祸,我将到皇帝面前来救你,将和你一起去死。"张说被宋璟的一番话感动了,就把事情如实奏对。魏元忠因此得以免死。宋璟后来做官做到了广平郡公爵,并且很高寿才去世。

十九 子仪见酋

子仪诚信,免胄见酋,回纥拜罗,福备九畴。

【原评】 先君谓汾阳王功盖天下,而主不疑;位极人臣,而众不疾。上尊为尚父,而不以宠辱为心。故身立三朝,执掌强兵。程鱼谗谤百端,上终不信。最难得者,回纥服其诚,承嗣拜其使。非至诚待人,焉能如此?

【原文】唐郭子仪,赏罚必信。回纥入寇①,子仪使李光瓒说之②。回纥曰:"郭公在此,可得见乎?"子仪将出,左右曰:"戎狄野心,不可信。"子仪曰:"虏众数十倍,今力不敌,吾将示以至诚。"乃免胄见其酋③。回纥舍兵下拜,曰:"果吾父也。"

【注释】①回纥:我国古代少数民族,主要分布在今鄂尔浑河流域。唐时曾建立回纥政权。也叫回鹘。②说:用话劝说别人,使他听从自己的意见。③免胄:脱下头盔。古代将士的行礼方式。酋:部落的首领。也为魁帅的通称。

【译文】唐朝的郭子仪,他奖赏惩罚必定信实。有一次,回纥国进兵到中国来。郭子仪就派遣李光瓒去跟他们谈判。回纥人说:"郭公既然在这里,可以让我们见见他吗?"郭子仪决定出去见回纥人,左右的人说:"戎狄的野心,不可以相信。"郭子仪说:"他们的军队,比我们的多几十倍。现在我军的力量不能匹敌,我将要用至诚来向他们表示。"于是脱去临阵的盔帽,去见敌军的魁帅。回纥人放下兵器,行了拜礼,说道:"果然是我们的郭爷爷啊。"

十九 子仪见酋

二十 道琮觅殡

道琮觅殡
恸诸汪洋
波中溢沸
得屍还乡

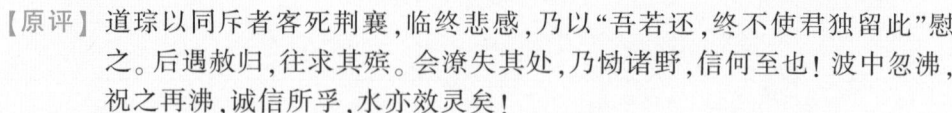

【原评】道琮以同斥者客死荆襄,临终悲感,乃以"吾若还,终不使君独留此"慰之。后遇赦归,往求其殡。会潦失其处,乃恸诸野,信何至也!波中忽沸,祝之再沸,诚信所孚,水亦效灵矣!

【原文】 唐罗道琮,上书忤旨①,徙岭表②。有同斥者,临终泣曰:"独委骨异乡耶?"琮曰:"吾若还,终不使君独留此!"瘗路左而去③。后赦归,会霖潦④,失殡处。琮恸诸野,波中忽若溢沸⑤。琮曰:"若尸在,可再沸。"祝已,水复涌,乃得尸,携还乡。

【注释】 ①忤:抵触,不顺从。②徙:流配。古代称流放的刑罚。岭表:五岭之表,即岭南。③瘗:掩埋,埋葬。④霖潦:淫雨。亦指雨后的积水。⑤溢沸:水涌而沸腾。

【译文】 唐朝的罗道琮,因为上了一封奏章,忤了皇帝的意旨,所以流放到岭南去。有一个一起被流放的人,临死的时候哭着说:"难道我要孤零零地把尸骨抛在异乡了吗?"罗道琮说道:"我倘若有一日能够回去,终不会让你独自留在这里的。"他把这个人埋葬在路的左边就离开了。后来罗道琮被赦免,得以回家乡,恰逢霖雨,道路上的积水很多,找不到殡葬的所在位置了。罗道琮就在郊野里恸哭,水波里忽然像涌沸的样子,罗道琮祝告道:"若尸骨在这里,可再涌沸一下。"祝告完了,水又涌沸起来,罗道琮果然寻到了尸骨,带回家乡去。

二十一 曹彬激诚

曹彬守诚
称疾保民
江南城下
不杀一人

【原评】曹彬下江南，不杀一人，为千秋佳话，故君子谓彬为第一良将。盖由其信守太祖诚语，尤恐兵将未能信守，故称疾不视事，以激使尽诚。古称三世为将，道家所忌。若彬之为将，正可广作功德，何忌焉？

【原文】 宋曹彬，下江南①。太祖曰："城陷之日，慎无杀戮。"城垂克②，彬忽称疾。诸将问之，彬曰："余病非药所能愈，惟诸公诚心自誓，克城之日，不妄杀一人，则自愈。"诸将共焚香为誓。明日城陷，兵不血刃。李煜归降，复待以宾礼。

【注释】 ①江南：指南唐。五代时十国之一。②垂克：将得之谓。

【译文】 宋朝时的曹彬，奉命去攻打江南的南唐国。太祖皇帝对曹彬说："城池攻陷的时候，千万不可杀戮平民百姓。"快攻破城头时，曹彬忽然称病。诸将士去问候他，曹彬对他们说："我的病不是药物所能治愈的，只有诸位各自诚心发誓，在攻破城池的那一天，不乱杀一个人，这样我的病就可以自己好了。"众将士于是一起焚香，发了誓。到了第二天，城头攻破了，将士们的兵器上没有沾一滴血。南唐国国主李煜归顺投降之后，曹彬又用待宾客的礼节对待他。

二十一 曹彬诫诚

二十二 宗道实言

宗道忠实
不敢欺君
就酒家饮
竟如所云

[原评] 宗道拜参知政事，贵戚用事者皆惮之。目为鱼头参政，为人刚直，遇事敢言，不为小谨。许止净谓求忠实之臣，以不欺为标准，真宗可谓知人。而宗道不敢匿罪，竟得大用，所谓君子落得为君子。

[原文] 宋鲁宗道,为谕德时①,尝就饮酒肆。真宗使者及门,久之,宗道还。使者谓上怪公来迟,何以对?宗道答以实言之。曰:"公当得罪。"曰:"欺君罪更大也。"入谢曰:"有故人来,臣家贫,无杯盘,故就酒家饮。"帝以为忠实可大用。

[注释] ①谕德:官名。唐、宋时置为东宫官,有太子左、右谕德,简称谕德。

[译文] 宋朝的鲁宗道,在做东宫的谕德官的时候,曾经有一次到酒铺子里去喝酒。真宗皇帝派使者急诏他,使者到了门很久,鲁宗道才回来。使者说如果皇上怪罪您来晚了,怎样回答皇上呢?鲁宗道说用实情来禀告。使者说:"这样您就要获罪了。"鲁宗道说:"欺骗皇上的罪名更大。"于是鲁宗道进见谢罪道:"有老朋友来,我家贫穷,没有杯盘,所以到酒铺子里去喝酒。"皇帝认为他很忠厚诚实,可以大加重用。

二十三 蔡襄完愿

蔡襄完願
移文感潮
母子全信
萬安名橋

【原评】洛阳江濒(濒，音[bīn]。靠近；临近)海，旧设海渡，每遇风，溺死无算。且水深莫测，潮汐(汐，音[xī]。夜潮)频至，不得兴工。襄以为母完愿心切，乃移文而感海神，潮不至者八日，始得立石为梁，成此万安桥。於戏，子全母信，宜其真诚感动神明也！

【原文】宋蔡襄之母方娠①,过洛阳江渡遇风②,舟将覆。闻空中曰:"勿伤蔡学士!"风浪顿息。时舟中姓蔡者惟一妇,因发愿云:"若生子为学士,必造桥济渡!"后生襄,以状元出守泉州③。母促建桥完愿,襄几经艰难,卒成万安桥。

【注释】①娠:怀孕。②洛阳江:在福建省惠安县西南三十里,西与晋江县分界。③泉州:即今福建晋江市。

【译文】宋朝时蔡襄的母亲在怀着蔡襄的时候,坐船经过洛阳江的渡口时,遇到了大风,船将要被倾覆。这个时候听到了空中有声音说道:"不要伤害蔡学士!"风浪顿时停息了。当时在船中姓蔡的人只有一个妇人,蔡襄的母亲于是就发了一个愿说:"倘若我生一个儿子,将来做了学士,我一定要在这渡头造桥,济渡来往的人们!"后来生下了蔡襄,以状元身份出任泉州太守。他的母亲就催促他造桥完成她之前许下的愿。蔡襄经过了许多艰难,终于造成了万安桥。

二十四 陈瓘自责

宋陈了翁言不妄出家人戏之自责累日

【原评】了翁一生，容止庄敬，言不苟发，岂不足以使家人了了其言必有信？而家人特问是实否，固以戏之耳，了翁亦岂不了了其为戏问也？乃必自责累日"吾岂有欺于人"，则其言无不信，为不可及也。

【原文】宋陈瓘,字莹中,沙县人①,自号了翁。其学出于邵氏②,又常质于刘安世③,故其说理数兼推。闲居时,容止庄敬④,言不苟发。一日,与家人语,家人戏问是实否。瓘退,自责者累日⑤,曰:"吾岂有欺于人耶?何为有此问也?"

【注释】①沙县:故城在今福建沙县东十里。②邵氏:指邵康节。③质:询问;就正。④容止:神态举止。⑤累日:数日。

【译文】宋朝的陈瓘,字莹中,沙县人,自己取号了翁。他的学问出自于邵雍,又常常向刘安世请教,所以他的学说理和数均注重。他平日闲居的时候,容貌举止庄严恭敬,话语不随便说。有一天,他和家里的人说话,家人特地戏问他所说的是否真实。陈瓘自责了好几天,说道:"我难道有欺骗人家的事情吗?为什么别人对我会有这样的疑问呢?"

二十五 定姜戒诬

定姜戒衍
神不可诬
子有三罪
奈何告无

【原评】 舍大臣而与小臣谋,蔑视冢卿(冢卿,六卿之首)师保(师保,古时任辅弼帝王和教导王室子弟的官,有师有保,统称"师保"),侮慢先君夫人,此定姜所谓三罪也。有罪而告无,是不信也。不信于人且不可,而况神乎?刘向称定姜聪明远识,能以辞教,卫之所以不亡也。

【原文】 周卫定公之夫人定姜①，生子早死。定公卒，立敬姒之子衎，是为献公。暴虐而慢侮定姜，卒见逐②。献公出亡至境，使祝宗告亡③，且告无罪于庙。定姜曰："不可。无神何告？若有，不可诬也④。子有三罪，奈何告无？告亡而已，无告无罪。"

【注释】 ①定姜：齐为姜姓，故齐国之女皆称姜。②逐：驱逐。③祝宗：古代主持祭祀祈祷者。亡：放逐者之称。④诬：欺罔。

【译文】 周朝时卫国的定公，他的夫人名叫定姜，生了一个儿子，早早就死了。后来卫定公死了，就立了敬姒的儿子衎，就是卫献公。卫献公的性情暴虐，并且时常慢侮他的嫡母定姜，终于被人驱逐了。卫献公出走到边境，就派一个司祝官到卫国去说明他已经逃亡了，并且向宗庙禀告说他没有罪。定姜说："这是不可以的。假使没有神明，那么还要去告什么？倘若有神明，那么就不可以欺骗神明。他已经有了三种罪名，怎么可以说没有罪呢？到卫国告明他已经逃亡就罢了，不可以再到宗庙里去告说他没有罪的。"

二十五 定姜戒诬

二十六 溧女投水

溧陽史女授食伍員投水明守禮釵裙

【原评】考溧女姓史，溧阳黄山里人，行年三十，尚未适人。今悯子胥穷饿，一再乞食，不得已，权授以餐；又因其再三叮嘱，疑己不信，遂投水以自明。烈矣哉！斯女也。

【原文】周楚伍员逃难①，过溧水②，见浣纱女携食筐。因乞焉③，女授之。食已，告曰："追者至，幸勿言。"女诺。伍员言之再三，女曰："吾以女而授男餐，非礼也；已诺而言之再三，疑我不信也。不信而无礼，不可以生。"乃投水而死，子胥救之不及。迨入吴，破楚归，乃投千金于溧水以报之。

【注释】①员：为伍子胥名。②溧水：在江苏溧阳市。一名濑水，又名颍阳江，即《汉志》所说的中江。③乞：求。

【译文】周朝时楚国的伍员在逃难时，经过溧水，看见一个浣纱女子提着一篮饭食和菜蔬。伍员于是向浣纱女求讨些吃的，浣纱女子就给了他食物。伍员吃完了以后，就向浣纱女子请求道："假使有追兵追到这里，希望你不要告诉他们我的行踪。"浣纱女子答应了。伍员担心她说出来，便对她说了三遍。浣纱女子说："我以女子之身给男子饭吃，已经不合礼了。你请求的事情，我已经答应了，而你又对我说了两三遍，这是你怀疑我没有信用。我既然没有信用又没有礼，还活在世上干嘛。"于是就跳到溧水里死了，伍员想救她已经来不及了。等到伍员逃到吴国，攻破了楚国后再返回来，就往溧水里投下了一千两金子，来报答浣纱女子的恩德。

二十七　贞姜待符

贞姜守约
待符而行
江水大至
重信轻生

【原评】吕坤谓无符而行，纵有王命，非其初约。即偶忘符，难以信心，贞姜有死而已。或曰："贞姜随使者来，昭王罪之欤？"曰："王惧其死而方喜其来也，奚罪？"贞姜亦信其从召而王不罪己也，以信故，宁死不往耳。

【原文】 周楚昭王夫人贞姜,齐侯女也。王出游,留姜于渐台上①,与之约:"相召必以符②。"会江水大至,王使迎姜,忘持符,姜不行。使者曰:"水大至,还而取符,恐不及。"姜曰:"妾知行必生,留必死。然弃约求生,不如死。"使者还取符。水涨台崩③,姜竟溺焉④。王悯其持信以死⑤,谥之曰"贞"。

【注释】 ①渐台:谓水上之台,水浸之,故名。渐,水名,在今湖北江陵县东。②符:符信。用竹子做的,写文字在上面,剖开一分为二,各存其一,合之用来作为凭信。③崩:崩裂;倒塌。④溺:没入水中。⑤悯:哀怜。

【译文】 周朝时楚国昭王的夫人贞姜,是齐国国君的女儿。有一天,楚昭王到外面去游玩,留贞姜在渐台上,并且和她约定:"如果我来召唤你,一定用信符来作凭证。"恰巧碰上江里发大水,快涨到渐台上,楚昭王就派人去迎接贞姜,可是使者忘记了拿信符,贞姜不肯走。派来的人说:"大水就要到达渐台上了,假使我再回去拿信符来,恐怕就来不及了。"贞姜说:"我知道走一定能活命,留在这里一定会死。然而要我背弃约定去求活命的话,还不如死的好。"派来的人便回去拿信符。而大水已经涨到了渐台上,渐台已经崩塌,贞姜竟然溺死在渐台里。楚昭王哀怜贞姜因为坚守信用而死,就赠予她谥号为"贞"。

二十八　越姬信心

楚國越姬
心已許之
王病自殺
不負心期

【原评】传载楚子以将相为股肱,不忍移害(移害,指占者谓君身之害,可移于将相之言)。越姬大其言,愿从君死。吕坤曰:"贤哉越姬!不可及矣。柔情昵好,生死为轻,此淫邪者之童心耳。越姬不死于情,而死于义;不死于言,而死于心,岂非贞信君子哉?"

【原文】周楚昭王姬姒氏①,越王句践女也②。昭王与蔡越二姬游而乐③,约同生死。蔡姬愿从,越姬未之许。及王病危,越姬请以身祷,先驱狐狸于地下。王止之。越姬曰:"昔者妾虽不言,心已许之矣。妾闻信者不负其心,义者不虚设其事。妾死王之义,不死王之好也。"遂自杀。

【注释】①姬:众妾总称。姒:越国的姓。②越:国名,也称"于越",姒姓,相传始祖为夏少康庶子无余,封于会稽,春秋末越王勾践卧薪尝胆,终灭吴称霸,战国时为楚灭。③蔡:国名,武王弟蔡叔所受之封国。在今河南省汝南、上蔡、新蔡等县一带。

【译文】周朝时楚昭王的妾姒氏,是越王句践的女儿。有一次,楚昭王和蔡、越两个姬妾一同游玩,玩得很开心,就和她们俩约定同生同死。蔡姬表示愿意跟随,而越姬没有答应他。等到后来楚昭王生病非常危急的时候,越姬请求允许她献身为君王祷告,先到地下去替君王驱赶狐狸。楚昭王阻止越姬这么做。越姬说:"从前您约我同生死的时候,我虽然没有说出来,可是我的心里已经答应了。我听说守信的人不会违背自己的心愿,有义的人不会空谈事情。现在我是为了与君王间的情义而死,而不是为了君王的喜好而死。"于是越姬就自杀了。

二十九　母师止闾

鲁有母师与诸妇期未夕而返止闾待时

【原评】年老归宁，必得诸子许诺。从少子俱行，返时尚早，不欲遽入，以掩人之不备。止于闾外，俟夕乃入。刘向称母师能以身教，吕坤谓母师谨而信，洵(洵，音[xún]。诚然，确实)不诬也。

【原文】周鲁寡母①,有九子,皆授室矣②。腊月③,祀毕,从少子归视私家④,与诸妇约曰:"尔辈慎房户之守,吾夕而返。"会天阴,早还,止于闾外,至夕始入。鲁大夫从台上望见之,怪焉。使人视其家,家事甚理,益怪之。召询其情,言于穆公。穆公延入宫⑤,使教诸姬,号曰"母师"。

【注释】①鲁:国名,姬姓,侯爵,周公所封之国,都曲阜。有今山东兖州及至邳泗之地。②授室:本谓把家事交给新妇,后以"授室"指娶妻。③腊月:农历十二月。腊祭百神,故谓之腊月。④私家:指已婚妇女的父母或兄弟之家。⑤延:邀请;请。

【译文】周朝时鲁国的寡母,有九个儿子,都已经娶妻了。十二月,祭祀完了以后,寡母要跟着最小的儿子回到娘家去探望,便和众媳妇约定说:"你们要谨慎地看守着门户,我傍晚的时候回来。"恰巧碰上天气阴沉,于是寡母提早回来了。她就停立在里巷的大门外,等到傍晚才进去。鲁国的大夫从望台上望见了,觉得很奇怪。于是便派人到寡母家里去察看,她家中的事务也非常有条理,鲁大夫更加觉得奇怪了。他便把寡母叫来询问详情,寡母把实情告诉了他,鲁大夫就向鲁穆公报告了这件事。穆公就把寡母请到宫里去,让她教导宫里的女子,称呼她为"母师"。

二十九 母师止闾

三十 义母践诺

义母诺夫
善视前子
愿杀己儿
以代其死

[原评] 吕坤谓继母视前子，仇雠也。彼其先吾子之年，共吾子之业，又虑为吾子他日害，虽前子孝养恭诚，未必肯谅其心，而恒不乐其有，况肯救其死，又以己子代之死乎？若义母者，千载下尚能使人挥泪。

【原文】周齐宣王时,有鬭死于道者①,兄弟二人立其傍。吏讯之②,各争为己杀,期年不决③。王使相问其母④,母曰:"当坐少者。"问何谓,母曰:"少者,妾所生也。长者,前妻所生。其父将死,嘱曰:'善视之。'妾曰:'诺。'今背言忘信,是欺死也。"因泣下沾襟⑤。相以告王,王皆赦之,号其母曰"义母"。

【注释】①鬭:同"斗",搏斗、斗殴。②讯:问,特指法庭中的审问。③期年:一年。④相:官名,百官之长。⑤沾襟:浸湿衣襟。

【译文】周朝齐国宣王在位的时候,有个人被打死在路上,有一对兄弟站立在他的旁边。官吏审问他们是谁杀了人,兄弟二人都争说是自己杀的。过了一年,这桩案件还不能判决。齐宣王便派丞相去问他们的母亲,母亲说:"应当把年纪小的定罪。"丞相就问她这是什么意思,母亲说:"年纪小的是我所生的,年纪大的是前妻所生的。他们的父亲临死的时候,嘱咐我说:'好好看护他。'我回答说:'好。'现在如果让年纪大的去抵罪,就违背了他父亲的话,没有了信用,这是欺骗我死去的丈夫啊。"于是眼泪掉下来沾湿了衣襟。丞相把情况告诉了齐宣王,宣王便把两兄弟都赦免了,并且称他们的母亲为"义母"。

三十一 高行刑余

梁媛高行
抚孤贞慎
君王聘之
割鼻全信

【原评】红颜薄命,今古同然。梁寡妇既荣于色,又美于行,早丧其偶,独守其孤。富贵不能淫,贫贱不能移,威武不能屈。吕坤曰:"王侯且不能夺其守,况卿大夫乎?坚于金石,凛若冰霜,吾于梁媛见之。"

【原文】周梁嫄①,荣于色而美于行②。夫早死,抚孤不嫁。梁贵人争取之③,不得。梁王闻之,遣使往聘焉。嫄曰:"妾闻妇人之义,从一不改,以全贞信之节。今忘死趋生,是不信也;弃义从利,是不贞也。"乃持刀割鼻曰:"妾已刑矣。刑余之人④,殆可释矣。"王乃复其终身⑤,号曰"高行"。

【注释】①梁:国名,战国七雄之一,原来的魏国。惠王徙都大梁,故称梁。嫄:女子之美称。②荣:盛。③取:通"娶",娶妻。④刑余:指受过肉刑的人。此处具体指称割鼻以后之人。鼻刑为五刑之一。⑤复:免除。此处指免除徭役。

【译文】周朝时梁国有个女子梁嫄,她的容貌美丽,行为端正美好。她的丈夫很早就死了,她抚养儿子不再嫁人。当时梁国有许多贵人,争着想娶她而不得。梁王听到这个消息,就派遣了使者去下聘,梁嫄说:"我听说做妇人的道理是从一而终不改嫁,来保全贞信的名节。现在如果忘记了死去的丈夫去追求富贵生活,就是没有信用;抛弃道义,跟随私利,就是不贞。"于是拿刀割去自己的鼻子说:"我已经受了刑罚。受过肉刑的人,大概能够被释放了吧。"梁王于是就免除她终身的徭役,称她为"高行"。

三十二 陈妇一诺

汉陈孝妇
夫戍边隅
嘱以养母
一诺不渝

【原评】 吕坤谓孝妇年甫十六耳，又未有子，乃受夫所托，终养其姑。别时一诺，持以终身，既不失信，又能尽职。几经艰苦，不二其心，设非孝妇，母也不为沟壑之枯骨乎？

【原文】汉陈孝妇,淮阳人①,年十六而嫁,未有子。有夫当行戍②,托妇终养其母③。妇应曰:"诺。"夫死不还,妇纺绩养姑不衰。母哀其年少④,将嫁之。妇曰:"弃托不信,背死不义。"欲自杀,母惧乃止。终身养姑,姑年八十四而终,卖其田宅以葬之。文帝闻之,诏赐黄金四十斤。

【注释】①淮阳:在今河南淮阳县西。②行戍:赴戍役。③终养:奉养至老。④哀:哀怜。

【译文】汉朝时有一个姓陈的孝妇,是淮阳人,年纪十六岁的时候,就出嫁了,还没有儿子。她丈夫应当从军服兵役,便托付她奉养他的母亲到老。陈孝妇答应说:"好。"后来他的丈夫在外面死了没有回来,陈孝妇就纺纱织布,奉养婆婆不懈怠。婆婆哀怜她年纪还轻,将要把她另嫁。陈孝妇说:"背弃了人家的托付,就是没有信用;背叛死去的丈夫,就是不义。"于是想要自杀,她婆婆害怕了才就此打住。陈孝妇终身奉养婆婆,她婆婆活到八十四岁才死,她卖掉田地房屋来安葬婆婆。汉文帝听说了这件事,就下旨赏赐她黄金四十斤。

三十三　荀采粉书

荀采信守
不贰其心
粉书遗字
以尸遥阴

【原评】吕坤谓采求死不得，而委曲以成仁。花烛共谈，而此心不少变，可谓贞矣。临死遗字，尚嘱以尸还阴，可谓信之至矣。独怪爽为八龙之冠，不容其女之守节，何哉？

【原文】汉荀爽女采,年十七,适阴瑜为妻①,早寡。采信守不嫁,父强载采以归郭奕。采度不得免②,乃伪为欢笑,命建四灯,盛粧饰③。请奕入相见,坐谈终夜不辍④。奕敬惮之,不敢近,及曙而出⑤。采命左右备浴,掩户,以粉书扉上曰⑥"尸还阴"。"阴"字未及成,惧有来者,以衣带自缢而绝。

【注释】①适:女子出嫁。②度:估计,推测。③粧:同"妆",指女子身上的妆饰、脂粉。④辍:中止,停止。⑤曙:天刚亮时。⑥扉:户扇。

【译文】汉朝时荀爽的女儿,名叫荀采,十七岁的时候就嫁给了阴瑜做妻子,可是早早地就守了寡。荀采信守婚姻,不肯改嫁。他的父亲强制将她拉上车载走,要把她嫁给郭奕。荀采在心里琢磨着这件事不可避免,于是就假装着欢笑的样子,命仆人竖起四盏灯,自己盛妆修饰,请郭奕进来相见,和他坐着不停地谈了整个晚上。郭奕对她既敬重又畏惧,不敢和她亲近,到了天亮就出去了。荀采叫仆人准备浴水,自己关上房门,用粉在门上写着"尸还阴"三个字。但是"阴"字还没有来得及写完,恐怕有人进来,就用自己的衣带上吊自杀了。

三十四 令女毁形

夏侯令女
断发守贞
父母逼嫁
剺劓自明

【原评】吕坤曰:"曹氏之族赤矣,独令女在,父母是依。设不毁其形,宁免夺志之谋乎?令女苦节,盖不得已耳!后之信守者,倘亲志可回,则全面目以见亡人,安用自残为哉?"

【原文】魏夏侯令女,曹文叔妻也,早寡,无子。父母欲嫁之,令女乃断发以明信守。后曹氏族灭①,父母以其无依,必欲嫁之。令女又截其两耳②,断其鼻,蒙被而卧,流血满床席。母譬劝不从③。司马懿闻而嘉之,听乞子字养④,为其家后。及卒,里人为立祠焉⑤。

【注释】①族灭:一族被杀。②截:割断。③譬:晓谕,使人知晓。④字养:抚养,养育。⑤祠:庙堂。指封建制度下供奉祖宗、鬼神或有功德的人的房屋。

【译文】三国时魏国的夏侯令女,是曹文叔的妻子。她早早地守了寡,没有儿子。她的父母想要把她改嫁,夏侯令女就把头发剪断来表明她的信守。后来曹家灭族了,她的父母因为她没有依靠,一定要把她嫁人。夏侯令女就又割下自己的两只耳朵和一只鼻子,拿被子蒙住头躺在床上,流出来的血沾满了床和席子。她的母亲打比方讲道理规劝她,她不肯听从。后来司马懿听说她的行为,十分赞许她,并且任凭她挑选自己的一个儿子去抚养,作为她家的后代。等到夏侯令女死了,乡里的人为她建立了祠堂来纪念她。

三十四 令女毁形

三十五 魏房泉壤

房氏夫亡 诀别陈辞 割耳殉葬 泉壤相期

【原评】吕坤谓房氏年才十六耳，抚孤养母，守节终身，岂不难哉？割耳投棺，相期泉壤，一以成永诀之信；一以息夺嫁之谋。十二年后，始归宁其父母。卒以母家有异议，一去竟不复返。贞妇之心，金石同砺（砺，音lì。磨石）矣！

【原文】北魏魏溥妻房氏,年十六。溥病笃,曰:"母老,家贫,子幼,奈何?"房泣曰:"妾承家训事君,宁肯以身贻恨①?"及溥大殓,房割左耳投柩中以誓曰②:"鬼神有知,相期泉壤③。"时房生子缉,未十旬。房遂鞠育室内④,未尝归宁⑤。及缉年十二,始返母家。母家尚有异议⑥,房急逃归,不复返。

【注释】①贻:遗留。②柩:装着尸体的棺材。③泉壤:犹泉下,地下。④鞠育:抚养;养育。语本《诗·小雅·蓼莪》:"父兮生我,母兮鞠我,拊我畜我,长我育我。"毛传:"鞠,养也。"郑玄笺:"育,覆育也。"⑤归宁:回娘家看望父母。⑥异议:不同的意见。这里指的是母家不赞同她苦守,商议着要让她改嫁。

【译文】北魏魏溥的妻子房氏,年纪才十六岁。那时候魏溥病势沉重,对妻子房氏说:"我的母亲年纪老了,家里贫穷,儿子又小,怎么好呢?"房氏低声哭着说:"我奉承家父的教诲来事奉你,哪里愿意再委身他人,让身体蒙受羞辱,留下遗憾呢?"等到魏溥入殓的时候,房氏就割下左边的耳朵放入棺材中,以此发誓说:"鬼神有灵,我和夫君约好在地下相见。"那时房氏生下的儿子魏缉还不满百日。房氏就在房中养育孩子,不出家门,也不曾回娘家去。等到儿子魏缉十二岁的时候,她才回到娘家。娘家人还想让她改嫁,房氏急忙逃走回到夫家,从此不再回娘家去。

三十六 贾董封发

董氏誓守
束发绳缠
别夫廿载
封帛依然

【原评】今之妇女,轻于离别者有之;夫在家而暧昧其行者有之,狗彘(彘,音zhì。本指大猪,后泛指一般的猪)行为,固不足论。但妇女出嫁从夫,夫命别嫁,似亦可以已矣。乃观董氏对夫封发,廿年之久,署帛依然,非贞信而能若是乎?

【原文】唐贾直言妻董氏,河朔人①。直言坐事贬岭南②,以董氏年少,乃谓之曰:"生死不可期,吾去汝即嫁,无须也③。"董氏不答,引绳束发,封以帛,使直言署之④,誓曰:"非君手不解。"越二十年,直言始归。署帛依然,乃亲解其发。及沐,发堕无余⑤。

【注释】①河朔:古代泛指黄河以北的地区。②岭南:指南岭以南地区。③须:等待。④署:题字。⑤堕:脱落。

【译文】唐朝时贾直言的妻子董氏,是河朔人。贾直言犯了事要被贬到岭南去,因为妻子董氏年纪还轻,就对她说:"我的死活不能预料,我离开之后,你立刻嫁人,不必再等我了。"董氏没有回答,就拿了一条绳子把自己的头发束缚起来,并用绸子封住,让贾直言在绸上面签字,发誓说:"不是你亲手来解,就永不解开。"过了二十年,贾直言方才回来。董氏头上那签字的绸子仍旧和从前一样,贾直言于是亲自解开她的头发。等到洗头发的时候,头发都落了下来,一根不剩。

三十六 贾董封发

三十七　史叶遵嘱

史妻叶氏
遵夫遗嘱
教育孤儿
守身如玉

【原评】一呱呱褓中儿，可恃与否，诚难预期，但临终嘱咐，寝馈（寝馈，即寝食）不忘。茹苦含辛，抚孤成立，且尝诫其子曰："读书以行己为先，操笔作文辞，务得圣贤本旨，以身作则。"宜其福寿康宁，克享天祐也。

【原文】 宋史简,为鄞县从事①。尉受贿②,杖平民③。简悯之。尉怒,杖简几死。临终,嘱其妻叶氏曰:"汝方娠,若生女,当嫁;果男也,幸谨视之。"后果得男,叶乃毅然信守。邻曰:"一呱呱褓中儿④,宁可恃?"叶不为动。子长,使从师读书。晚岁家产寖饶⑤,益务俭约。享寿八十六而终。

【注释】 ①鄞县:浙江县名,即今宁波市鄞州区。从事:佐史。②尉:县尉。贿:贿赂的财物。③平民:谓平善之人,后泛指普通的民众、老百姓。④呱呱:小儿哭声。褓:包裹婴儿的布或被。⑤寖饶:渐裕。

【译文】 宋代的史简,是鄞县的佐官。有一次,鄞县的县尉受了贿,便把无辜的平民捉来拷打,史简很可怜他们。县尉发怒了,便用棍子把史简打得差不多快死了。史简临死的时候,嘱咐妻子叶氏说:"你刚刚怀孕,如果生了女儿,你应当嫁人;要真是男儿,希望你小心看护他。"后来叶氏果然生得一个男孩,叶氏就信守承诺坚决不嫁。邻舍的人劝她说:"一个还在褓褓中哇哇大哭的小孩,哪里能够依靠呢?"叶氏听了不为所动。到了儿子长大的时候,就让他从师读书。晚年的时候,家中的财产渐渐地丰富起来,她更加勤俭节约。她一直活到了八十六岁才死。

三十七 史叶遵嘱

三十八　范吕立志

吕宗翊女
改嫁不从
夫妻守约
久别重逢

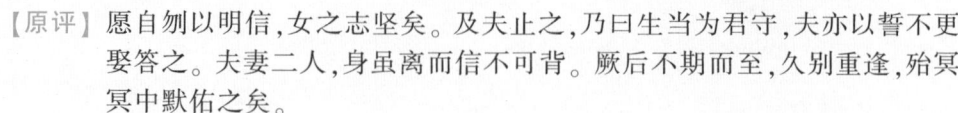

【原评】愿自刎以明信，女之志坚矣。及夫止之，乃曰生当为君守，夫亦以誓不更娶答之。夫妻二人，身虽离而信不可背。厥后不期而至，久别重逢，殆冥冥中默佑之矣。

【原文】宋吕忠翊女,为寇所掠①,以妻范希周。捕兵至,女愿刎以明信,范止之。女曰:"妾虽生,当为君守。"范曰:"我得脱,亦不更娶②。"城破,女缢,适其父为捕兵巡辖③,解之归。欲改嫁,女誓死不从。后有贺承信以公事至吕家。女窥其貌酷肖④,以告父。父询之,果希周也,亦未娶。遂复合。

【注释】①掠:夺取。②更娶:另娶。③辖:管辖。④酷肖:酷似。肖,相似,相像。

【译文】宋代吕宗翊的女儿,被强盗抢去把她嫁给了范希周做妻子。后来官兵来剿匪,吕宗翊的女儿情愿自杀来表明她的信义,范希周阻止了她。吕宗翊的女儿说:"我虽然活着,但是一定为你守节的。"范希周说:"我如果能够逃脱,也一定不再另娶。"后来城头被攻破,吕宗翊的女儿就去上吊,恰巧她的父亲是官军里的巡官,吕宗翊看见了就把她解救了下来带回家。父亲想要她改嫁,她立下誓言,表示至死也不会听从。后来有个叫贺承信的,因为公事到吕家来。吕宗翊的女儿偷偷看到那个人的相貌酷似范希周,就把这个情况告诉了父亲。他父亲便向贺承信询问,果然就是范希周,也没有另外再娶。于是两个人就又结合为夫妇。

三十九　王梁死约

梁氏诀夫
更娶告我
再生姻缘
言信行果

【原评】吕坤曰："梁氏全夫之智，临变不迷，从一之贞。再生不易，死约之信，坚守不失。事不必其有无，然金石之操，两世犹事一夫。世顾有事一夫而怀二心者，梁氏传不可不读。"

【原文】 宋梁氏,归王家。数月,元兵至,与夫约曰:"吾必死兵,若更娶,当告我。"兵至,俱被执。军千户欲纳梁①,梁绐以释夫方可②。迨夫去远③,梁乃拒骂,被杀。越数年,夫谋更娶,屡不谐④。因告妻,夜梦妻云:"我死后生某家,当复为君妇。"遣人聘之⑤,一言而合。询其生,与梁死年月日正同。

【注释】 ①军千户:卫所之官,掌兵千人者。②释:释放;赦免。③迨:及,到。④谐:办妥,办成功。⑤遣:派;派去。

【译文】 宋代有个女子梁氏,嫁给姓王的人家。过了几个月,元朝的军队打进来,梁氏和他的丈夫约定说:"我一定会死在元兵的手里,你若是要另外再娶,应当要告知我。"后来元朝的军队到了,夫妻俩都被捉了。元军里的军官想要娶梁氏做妻子,梁氏骗那军官说只有放了她丈夫才可以答应他。等到她的丈夫逃离得远远的了,梁氏就拒绝军官,并大骂起来,结果被军官杀死了。过了几年,他的丈夫打算要再娶,但屡次不能成功。于是祝告妻子,夜里就梦见妻子说:"我死了以后投生到了某家里,日后应当再做你的妻子。"他的丈夫就差人去某家说婚,结果一说即合。问及那女子生下来的日子,与梁氏死的年月日正好相同。

三十九 王梁死约

四十　程妻守鞋

【原评】程妻爱夫心切，致受种种苦难。临别易鞋为信。至市人家，寝不解衣，操作甚勤，以纺绩值偿鸯，而为尼。贞洁之心，三十年如一日。天悯其志，故破镜得以重圆也。

【原文】 元程鹏举及妻,本为张万户所掠,强婚焉。妻嘱程逃去,程疑其试己,以告张。张箠其妻①。他日复请,程益疑,复告张。张怒,鬻于市人家②。妻临行,以一绣鞋易程一鞋,期执此相见③。程大感动,遂遁。妻以纺绩偿鬻为尼④。三十余年,程虽显,不复娶。及访得,挟鞋迎之⑤,乃偕老。

【注释】 ①箠:用棍子打,杖刑。②鬻:卖,出售。③期:要约。④偿:归还,偿还。⑤挟:拿。

【译文】 元代程鹏举和他的妻子,本都是被张万户掠夺来的,并被张万户强迫而结了婚。妻子嘱咐程鹏举逃走离开,程鹏举怀疑她是来试探自己的,就把这个事情告诉了张万户。张万户就用棍子打了程鹏举的妻子。过了几天,妻子又请求程鹏举逃出去,程鹏举更加怀疑了,又去告诉张万户。张万户发怒了,就把她卖给了市人家。妻子临走的时候,用自己的一只绣鞋换了程鹏举的一只鞋子,约定说将来拿这只鞋子相见。程鹏举大为感动,于是就逃跑了。妻子用自己纺纱织布的钱偿还了卖身债,就到庵里去做尼姑。过了三十几年,程鹏举虽然显达了,但是不再娶妻。等到后来寻访到妻子的下落,就拿了她的一只绣鞋去迎接她,两个人于是相偕到老。

四十 程妻守鞋

四十一 解胡截耳

胡广之女，指腹为婚，守盟截耳，卒归解门

[原评] 未嫁守信，不免过情，而非所论于胡广女也。其父指腹为婚，其女实未受聘，若改适，则其父失信，而其女实无信之可失。乃守盟不改，卒归解氏以全父信，其信也！其贞也！即其所以为孝也！

【原文】明胡广、解缙同直文渊阁①。上曰："广缙少同业,仕同官。缙有子,广宜妻之。"广曰："臣妻有妊②,未知男女。"上曰："必女。"后果生女。逮缙遭谗徙边③,广欲使女改适④。女以刀截耳曰："薄命之婚⑤,皇上主之,父面承之⑥。一语之盟,终身不改。"越数年,解氏蒙宥⑦,女卒归解氏。

【注释】①同直:指朝臣一同当值。文渊阁:明代宫内贮藏典籍及皇帝讲读之所。明太祖始建于南京奉天门东。成祖迁都北京,又于宫内东庑南建文渊阁。后置文渊阁大学士。②妊:身怀孕。③徙边:谓有罪移至边地,相当于充军流放。④改适:改嫁。⑤薄命:命运不好;福分差。这里是谦辞,对人称自己。⑥承:承认。⑦宥:赦免。

【译文】明代的胡广、解缙一同当值文渊阁,皇帝对胡广说:"胡广和解缙你们两个年轻的时候一同读书,现在又做同样的官职。解缙有个儿子,你应该把女儿嫁给他儿子做妻子。"胡广说:"我妻子虽然现在有身孕,但是还不知道是男是女。"皇帝说:"一定是生女儿。"后来胡广的夫人果然生了一个女儿。等到解缙遭谗言陷害被充军流放到边疆去的时候,胡广想让女儿改嫁。女儿用刀割断自己的耳朵说:"我薄命的婚约,是皇上主持的,父亲当面承认的。一句话的盟约,终身不能更改。"过了几年,解家蒙受皇恩被赦免了,胡广的女儿终于嫁到了解家去。

四十二 钱林心许

林应麒女
未嫁夫挚
翁命更配
心许不迁

【原评】夫病而谋更配,固为不可。乃夫家遗书至再,已历十年,父心亦为所动。则从父从夫,均无缺憾,似亦可矣。女则曰:"人之所贵者心,心既许之矣。"落落两言,诚巾帼中之丈夫哉!

【原文】明钱灼妻,林应麒女也。未嫁而夫病挛①,灼父遗书使更配②,麒不忍。越十年,病如故。灼父复遗书,申前议③。麒乃以书示女,女曰:"命也。"或曰:"尔未嫁别就,亦何不可?"女曰:"人之所贵者心,心既许之矣。"麒嘉其志,为治妆归灼。灼病亦旋愈。

【注释】①挛:抽搐,痉挛;手足蜷曲不能伸直。②遗书:投书,寄信。遗,送交;交付。更配:另许。③申:重复地说,重申。

【译文】明代钱灼的妻子,是林应麒的女儿。还没嫁过去的时候,他的未婚夫就得了手脚抽搐痉挛病,所以钱灼的父亲就写信给林应麒,让他把女儿另外许配,林应麒不忍心这么做。过了十年,钱灼的病还是和从前一样。钱灼的父亲又写信给林应麒,重申他之前的意见。林应麒于是就把这封信给女儿看,女儿说:"这是我的命运。"有人就问她:"你尚未出嫁过去,就算另外嫁到别家去,又有什么不可以的呢?"林应麒的女儿说:"人们所重视的就是心,我心里已经嫁给他了。"林应麒非常赞许她的志愿,就为她置办了嫁妆,把她嫁给了钱灼。结婚之后,钱灼的病很快就好了。

四十三 潘金止旌

金氏守節
止聞於官
得旌降歲
於心未安

【原评】一岁之差,以之报旌者多矣。况年虽三十,计其日月,每有不满二十九者。乃里人欲为请旌。金氏闻之,以为欺妄,于心不安。其平时之守信,可以概见矣。

【原文】明潘绍宗妻金氏,昆山人也①。年三十而寡,矢志守节②。及老,里人欲上其事以请旌。金氏闻而止之曰:"朝廷定例③'二十九得旌',三十不得旌也。"里人曰:"降一岁有何碍④?"金氏曰:"是非吾心所安也。"遂不上。后享寿八十余而卒。

【注释】①昆山:县名。今江苏省昆山市。因境内有昆山而得名。②矢:发誓立志。③定例:颁定之成例。④降:减少之意。碍:妨阻。

【译文】明代潘绍宗的妻子金氏,是昆山人。金氏三十岁的时候,就死了丈夫,她发誓立志要替丈夫守节。等到她年纪老了的时候,乡里的人想要把她守节的事情上报朝廷以求表彰。金氏听说了便去阻止他们说:"朝廷颁定的条例是'二十九岁守节的,可以得到表彰';我是三十岁的时候才守寡的,所以不能得到表彰。"乡里的人对她说:"少报一岁有什么妨碍呢?"金氏说:"这种办法我是不会心安的。"于是就不上报。金氏后来活到了八十多岁才死。

四十四 李王践盟

李康侯妻
未嫁夫瞽
谨守盟言
不背亡父

【原评】女子在家从父,父已亡矣,康侯亦瞽矣,诸父又有异议矣。然父身虽亡,父言犹存,背盟不信且不孝。而人每以为难者,由其信德不及王女耳。录之以为从父之训。

【原文】明李康侯聘妻王氏,饶州人①。父以字康侯。及父殁,康侯亦目瞽。王氏诸父有异议②,女曰:"先父早许李氏,盟言在耳③,岂忍背信?且既盟而瞽,弃瞽不义,背父不孝。"诸父嘉其志,从之。王氏归李后,勤执妇道,内外无间④。乡里称焉。

【注释】①饶州:故治在今江西鄱阳县。②诸父:指伯父和叔父。③盟言:犹誓约。④间:非难;毁谤。

【译文】明代的李康侯迎娶妻子王氏,她是饶州人。王氏的父亲在世时候,把女儿许嫁给李康侯。等到父亲死了以后,李康侯的眼睛也瞎了。王氏的伯父叔父们都有不同的意见,想把她改嫁。王氏说:"我死去的父亲早已把我许配给李家,现在誓约还在耳朵里,怎么忍心背弃信用呢?况且是已经定婚之后人才眼瞎的,现在抛弃眼瞎的人,就是不仁义;违背先父的主张,就是不孝。"伯父叔父们非常赞许她的志气,都顺从她。王氏嫁到李家以后,非常勤俭,坚守妇道,家里家外的人对她都没有指摘和责问。乡村里的人都称赞她。

四十五 刘冯钉肉

劉氏信守
誓無二心
醬釘挾肉
卓越古今

【原评】案:《述异记》载:"节妇郑氏,一言信守,割去两耳,俄(俄:顷刻间)而双耳复生,依然如故。"已为奇矣。乃冯氏壁上之肉,至老不腐;钉上齿痕,经久如新;苦行异节,卓越古今。有子(有子:名若,字子有,孔子弟子)曰:"信近于义,言可复也。"其斯之谓欤!

【原文】明刘庆妻冯氏，年十九岁，夫亡，矢誓守节。其姒讽之曰："少妇居孀，守未易言，非咬断铁钉者不能。"冯即拔壁上铁钉，啮之①，劐然有齿痕②。复抉臂肉③，钉着壁上，曰："脱有异志④，此即狗彘肉！"至老，取视壁上钉肉尚不腐，齿痕犹新。

【注释】①啮：用嘴咬。②劐然：象声形容词。③抉：剔取。④脱：表示假设，相当于"倘若"。

【译文】明代刘庆的妻子冯氏，年纪十九岁的时候，她的丈夫就死了，她发誓要为丈夫守节。她丈夫的嫂子规劝她说："年轻的妇人寡居，守节不是轻易说说的，只有那种有咬断铁钉的勇气意志的人才能做到。"冯氏听了这句话，立刻拔了墙壁上的铁钉，用牙齿去咬它，劐的一声响，铁钉上就有牙齿的痕迹。她又割了一块手臂上的肉，钉在墙壁上，说道："倘若我有了叛离之心，那么这个就是猪狗之肉！"到了冯氏年老的时候，便把墙壁上钉着的手臂肉拿下来看，还没有腐烂，并且铁钉上的牙齿痕迹还像新咬时的一样鲜明。

四十五 刘冯钉肉

四十六 郭李诞女

郭妻李氏
慰夫病危
遗腹生女
绝命赋诗

【原评】郭之遗嘱,惟以生男相期。而李则以生男从君命,生女从君后慰之,卒以诞女绝命。呜呼!烈矣!然女子出嫁从夫,夫死从子,既无子可从,计惟一死。从命从后,生死皆以从为主,是女子之善用其从者。

【原文】明郭太顺妻李氏,程乡人①,读书能诗。年十七,郭病危,嘱曰:"尔今有妊,若生男,幸为我计门户;若生女,则尔可自便。"李曰:"苟生男,则谨守君命;生女,即从君后,可也。"及腊②,诞女③,遂赋绝命诗一章,跃而绝④。其诗末句云:"岁寒始见天地心⑤,梅花今夜冷如铁。"

【注释】①程乡:即广东梅县,比今梅州市梅县区要大。②腊:古代农历十二月里合祭众神叫腊,因此也称农历十二月为腊月。③诞:生育;出生。④跃:跳。⑤天地心:指天地生生不息之心。见《易·复》:"复,亨。出入无疾,朋来无咎。反复其道,七日来复,天行也。利有攸往,刚长也。复见其天地之心乎?"又元代翁森的《四时读书乐·冬》有"数点梅花天地心"之句,李氏诗句盖本此。

【译文】明代郭太顺的妻子李氏,是程乡人,她从小读书,善于作诗。李氏十七岁的时候,郭太顺病势危急,就嘱咐她说:"你现在有身孕,倘若生了男孩,希望为我谋划门户。倘若生了女孩,那么你可以按自己的方便行事。"李氏说:"我如果生了男儿,就谨遵遗命。如果生了女儿,我就跟在你的后面追随你而去,可以吧。"到了十二月,李氏生下了一个女儿,于是就做了一首绝命诗,跳下去绝命了。那首诗的末两句为:"岁寒始见天地心,梅花今夜冷如铁。"意思是:到了一年的严寒时节,才见到天地生生不息之心,这点点梅花今夜里却冷得像铁一般。

四十七 璧枝不负

明朱璧枝未婚誓守既夫终身不负

【原评】任某未婚先纳妾,朱父怒欲渝盟,人之常情。婚三日,妾生子;居二载,夫又亡。朱父喑之,璧枝以不可负对。父怒而詈之,欲携以归,乃竟逃匿不出。食贫力作,抚妾子以终身。其信德尚矣!

【原文】明任某,聘朱璧枝,未婚先纳妾。朱父怒,欲渝盟①。璧枝翦发自誓。父不得已,仍归任。婚三日,妾生子,璧枝爱如己出。越二年,任亡。父唁之曰②:"任子负尔甚矣③!尔何处不可容身?"璧枝曰:"宁彼负儿,儿不可负彼。"父怒骂之,欲携归。璧枝逃匿不出。食贫力作,抚妾子终其身。

【注释】①渝:变更。②唁:吊丧,对遭遇丧事表示慰问。③负:背弃恩谊。

【译文】明代有个姓任的人,与朱璧枝订了婚,还没有完婚,他就先娶了一个小老婆。朱璧枝的父亲知道了这件事,很生气,欲要撕毁盟约,把朱璧枝另外许配人家。朱璧枝就剪下头发,发誓不从。她父亲没有办法,仍旧把她嫁给了任家。结婚三天后,任家的小老婆就生了一个儿子,朱璧枝待孩子情同己生。过了两年,姓任的死了。朱璧枝的父亲去吊唁慰问,劝女儿说:"任家这个人对不住你太多了!你哪里不能安身?"朱璧枝说:"宁可他对不住我,我不能对不住他。"父亲非常生气地骂她,想要把她带回娘家去。朱璧枝就逃走了,还躲藏起来不出去。后来她过着贫苦的生活,勤力劳作,终身抚养妾室所生的儿子长大成人。

四十八 玉贞无妄

玉贞避选
暂归朱氏
朱子病殇
佯狂誓死

【原评】 玉贞之归朱家，范恭藉以避选而已，未受朱家之聘也。朱子殇而父欲别许，亦何不可？女乃毁容以全其信，宁饿死以守其贞，卒能茹荼饮蘖（茹荼饮蘖：比喻吃苦。荼，音tú，苦菜；蘖，音bò，本作"檗"，即黄檗，也称"黄柏"，可入药），以处子终。诚令人钦佩无已也！

【原文】明范恭女玉贞,年十二,适讹言选女①。恭以女暂归朱敛璧为子妇②。讹言息,朱氏子殇③,恭别许字④。女不栉不沐⑤,时曝烈日中⑥,或立大雨下,不食不卧,毁容截发,若癫狂然。母曰:"尔父贫窭,若不嫁,衣食安给⑦?"女曰:"当以缝绩自给,不给宁饿死。"母乃还别家聘。女以处子终⑧。

【注释】①讹言:诈伪的话;谣言。选女:采选宫女。②子妇:《礼记》中称指儿子与儿媳妇,今专称媳妇为子妇。③殇:未成年而死。④许字:许配。⑤栉:理发。沐:洗浴。⑥曝:晒。⑦给:供给。⑧处子:处女,对未嫁女子之称。

【译文】明代范恭的女儿范玉贞,年纪十二岁的时候,刚好碰上了谣言说皇帝要选宫女。范恭便把女儿暂时嫁给朱敛璧的儿子做童养媳妇。等到谣言平息了,朱敛璧的儿子还没长大就死了,范恭就把女儿另外许配人家。范玉贞就不梳头也不洗头,时常站在猛烈的太阳下暴晒,或者立在大雨中淋雨,不吃不睡,把自己的容貌毁坏,把头发截断,好像发癫疯狂了一样。她的母亲对她说:"你父亲穷苦,你如果不嫁人,哪来的衣服食物供给你呢?"范玉贞说:"我可以用缝纫织布来供自己,如果供给不足,我宁愿饿死。"她的母亲于是就退还了别家的聘金。范玉贞自食其力生活了一辈子,到死的时候还保持着处女之身。

四十九　荀息践言

荀息为傅
慰公病危
奚卓被弑
以死相随

【原评】初，献公造九层台，三年不成，人力困敝。荀息曰："臣能累十二棋子，加九卵于上。"公曰："危哉！"荀息曰："不危。"公造台三年不成，男不耕，女不织，危孰甚焉。公悟，乃辍工谢之。荀息可谓忠且信矣。

【原文】周晋奚齐卓子者,骊姬之子也,荀息傅焉①。献公爱骊姬,欲立其子,乃杀世子申生②。申生者,里克傅之。公病,将死,谓荀息曰:"士何如,则可谓之信矣?"荀息曰:"使死者反生③,生者不愧乎其言,则可谓信矣。"公死,奚齐立。里克弑奚齐。荀息立卓子。里克又弑卓子。荀息死之。

【注释】①傅:教师,师傅,古时特指帝王的相或帝王、诸侯之子的老师。这里为动词用法,即辅佐。②世子:古代天子、诸侯的嫡长子。③反生:犹如复生。

【译文】周朝时晋国的奚齐和卓子,都是骊姬的儿子,大夫荀息是他们的师傅。晋献公宠爱骊姬,想要立骊姬的儿子做世子,就把世子申生杀了。申生的师傅就是里克。后来晋献公生病要死的时候,就对荀息说:"大丈夫要怎么样,才可称之为有信用呢?"荀息知道献公的用意,回答道:"假使死去了的人复活过来,受过死者托付的人对于自己说过的话不感到惭愧,这样可以称为有信用了。"献公死了之后,奚齐做了国君,里克就把奚齐杀了。荀息又立了卓子做国君,里克就又把卓子也杀了。荀息便为之自杀而死。

五十 共华待死

共华待死
不为人知
谋而被因
岂可背之

【原评】孔子尝言自古皆有死，民无信不立。盖谓人以信为本。人而无信，自失为人资格，且将不齿于人类。夫人孰能不死，若以信而死，可以立起世人之信心。共华虽亦里丕之党，而其死于信，则有足录者。

【原文】周晋丕郑之自秦反也,闻里克死,见共华曰:"可以入乎?"华曰:"可乎哉!"丕郑入,惠公杀之。共赐谓华曰:"子行乎?其及也!"华曰:"夫人之入①,吾谋也,将待之。"赐曰:"孰知之?"华曰:"不可。知而背之,不信;谋而困之,不智;困而不死,无勇。任大恶三,行将安之②?子其行矣,我姑待死。"

【注释】①夫人:谓丕郑。②安之:安住。

【译文】周朝时晋国的丕郑从秦国返回晋国,途中听说里克死了,就去见共华说:"我可以回国吗?"共华回答说:"可以。"丕郑到了晋国后,晋惠公杀了他。共赐对共华说:"你逃走吗?快要轮到你了!"共华说:"丕郑回到晋国,是我的主意,我将等待遭难。"共赐说:"有谁知道这是你的主意呢?"共华说:"也不行。我知道内疚却昧着良心,这是不诚实,为人谋划却使人遭了厄难,这是没有智慧;害了别人自己却怕死,这是没有勇气。我背着这三项大恶名,还能逃到哪里去呢?你走吧,我姑且在这里等死。"

五十一　解扬承命

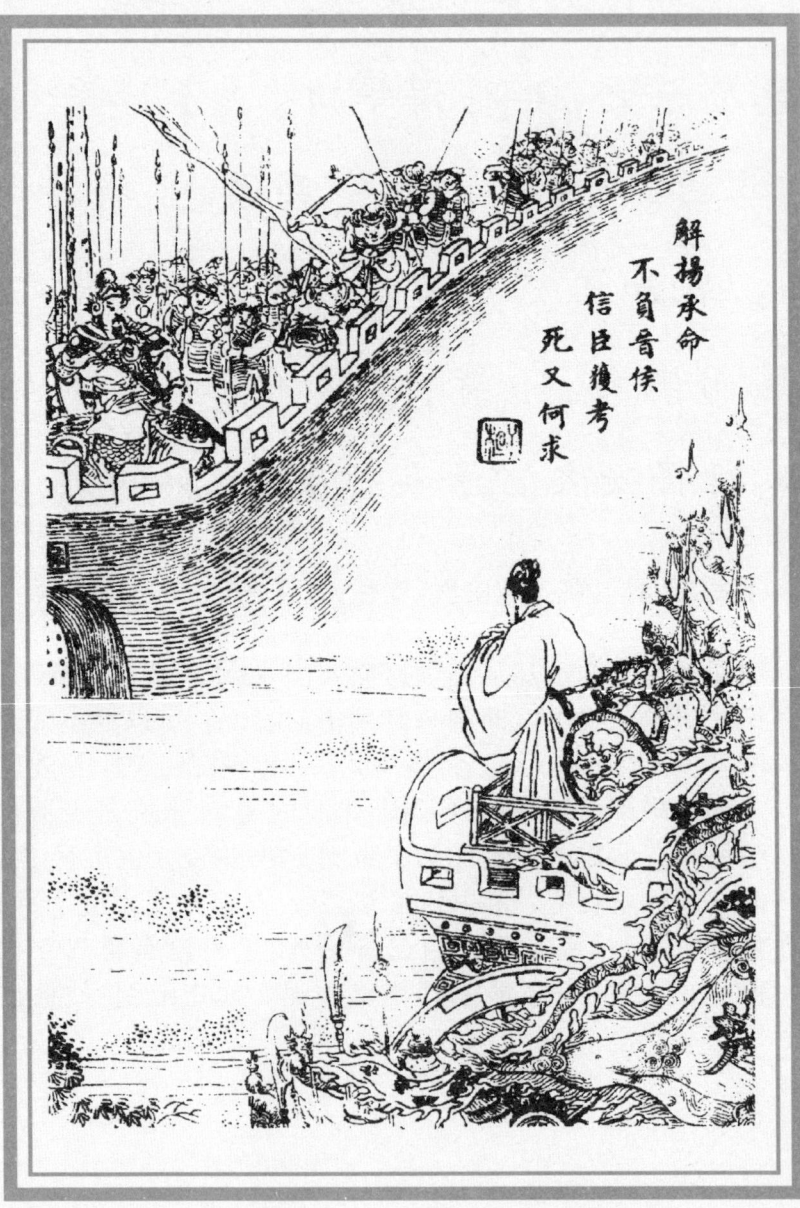

解扬承命
不负晋侯
信臣获考
死又何求

【原评】解扬之许楚子也，非以其厚赂也，欲以成君命也。盖三而不许，楚子必杀之，则晋君之命，不能致于宋。故佯许之，登诸楼车，呼宋人告之，致其君命。亦非失信于楚子也，亦惟欲行其信不受二命耳。

【原文】周晋解扬受命如宋①,使无降楚。郑人囚而献诸楚。楚子使反其言,不许。三而许之②。登楼车告宋③,致其君命④。楚子将杀之。扬曰:"君能制命为义,臣能承命为信,信载义而行之为利。义无二信,信无二命。死而成命,臣之禄也⑤。寡君有信臣,下臣获考⑥,死又何求?"楚子舍归。

【注释】①宋:国名。周武王封微子为宋公。在今河南商丘市南。②三:再三强之。③楼车:古代战车。上设望楼,用以瞭望敌人。④致君命:把晋君交托的劝说宋国不要投降楚国的命令告知了宋人。⑤禄:职禄。⑥获考:完成使命。

【译文】周朝时晋国的解扬奉了国君的命令到宋国去,说服宋国不要投降楚国。路过郑国的时候,郑国的人拘禁了他,把他献给了楚国。楚子让他去对宋国说相反的话,解扬不肯。楚子再三强迫他,解扬才答应了。于是解扬就登上了楼车告诉宋国,表达他们晋国国君的意思。楚子知道后要杀了他,解扬说:"国君能够制定命令,就是义,臣子能够接受国君的命令,就是信,信承受着义来执行就是利。有义就没有二信,有信用就没有二命。我能完成国君的命令,就算是死了也是我的福气。我们国君有个守信的臣子,我又死得其所,还有什么可求的呢?"楚子听了他这一番话,就释放他回去了。

五十一 解扬承命

五十二　州犁释甲

楚伯州犁
周请释甲
会合诸侯
信修盟欵

【原评】盟所以明信也。宋之盟,向戌欲弭(弭:音mǐ。止息;中断)诸侯之兵也。诸侯望信,是以来服;不信,是自弃其所以服诸侯也。州犁言之,而子木弃之;赵孟患之,而叔向安之。晋务德,楚争先。虽先楚人而书先晋(书先晋,指《春秋》先写晋国),亦以晋有信耳。

【原文】周、晋、楚、齐、秦、宋、郑、鲁、卫、陈①、蔡、曹②、许③、邾④、滕将盟于宋⑤。楚人衷甲⑥,伯州犁曰:"合诸侯之师,以为不信,无乃不可乎!"固请释甲,子木不听。太宰退曰⑦:"令尹将死矣⑧,不及三年。求逞志而弃信,志将逞乎?志以发言,言以出信,信以立志,参以定之⑨。信亡,何以及三⑩?"翌年,子木果死。

【注释】①陈:妫姓,侯爵,虞舜之后。都于河南境内。②曹:姬姓,伯爵。都于山东境内。③许:姜姓,男爵,四岳之后,都于河南境内。④邾:曹姓,子爵,都于山东境内。⑤滕:姬姓,侯爵,都于山东境内。⑥衷甲:藏甲在身,想要乘机攻击晋。⑦太宰:官名。州犁现任这个职位。⑧令尹:指子木。⑨参:指前文所提到的志、言、信三者。定:安定其身。⑩三:三年。

【译文】周朝时,晋国、楚国、齐国、秦国、宋国、郑国、鲁国、卫国、陈国、蔡国、曹国、许国、邾国、滕国许多诸侯要在宋国会盟。楚国的人,个个衣裳里面穿了铁甲,预备乘此时机去打晋国。太宰伯州犁说:"天下诸侯的军队合聚之际,我们楚国却做着没有信用的事,这恐怕是不可以的吧!"于是他向宰相坚决地请求把铁甲脱去,宰相子木不肯听从。太宰伯州犁退下后,就说:"宰相不到三年就要死到临头了。只求称心快意,却丢弃了信用,他的私志将能实现吗?志是用来发言的,言是用来出信的,信是用来立志的,有了志信言三样,才可以安定其身。现在他的信用没有了,凭什么能够活到三年呢?"到了第二年,子木果然死了。

五十三　赵武信本

赵武会虢
寻宋之盟
以信为本
遵循而行

【原评】虢之会,寻宋之盟也。祁午以耻为言,而赵武以信为本。故其"相晋国以为盟主,七年中再合诸侯,三合大夫,服齐狄,宁东夏,平秦乱,城淳于,师徒不顿,国家不罢,民无谤讟(谤讟:bàngdú。怨恨毁谤。讟,诽谤),诸侯无怨"。信之为用大矣哉!

【原文】周晋楚与诸大夫会于虢①。祁午谓赵文子曰:"宋之盟②,楚人得志于晋③。今令尹之不信④,诸侯之所闻也。吾子其不可以不戒。"文子曰:"武将以信为本⑤,循而行之⑥。能信不为人下⑦,吾未能也。《诗》曰⑧:'不僭不贼⑨,鲜不为则。'信也!能为人则者,不为人下矣。吾不能是难⑩,楚不为患⑪。"

【注释】①虢:郑国地名,即今河南广武县之虢亭。②宋之盟:具体见前。③得志:指楚子木先晋人歃血。④令尹:王子围。⑤武:文子之名。⑥循:率循。⑦下:轻贱。⑧诗:《诗·大雅·抑》之篇。⑨僭:差失,罪过;乱。⑩不能:指不能为人法则。⑪不为患:不足患。

【译文】周朝时晋国、楚国和各国的大夫在虢的地方会盟。祁午对赵文子说:"先前在宋国的盟会中,楚国人比晋国人先歃了血的。现在楚国的宰相没有信用,这是各国诸侯都知道的。希望你不能不戒备它。"赵文子说:"我将会拿信用做根本,依循着信用去做事。有信用的人,一定不会被人家所轻贱的,我还未能够给人做法则。《诗经》里说:'不僭不贼,鲜不为则。'这说的就是信用啊!能够给别人做了法则的,是不会被人轻贱的。我不能够给别人做法则,这才是最难的,至于楚国是不足忧患的。"

五十四 包胥乞师

包胥乞救
哀哭秦庭
勺水不入
七日劳形

[原评] 伍申之别也,员曰:"我必复之!"包胥曰:"我必兴之!"伍员卒复之,信也,孝也。包胥卒兴之,信也,忠也。然伍员复仇,未免太甚;包胥乞救,人所难能。伍员终受属镂(属镂,音zhǔ lú,剑名。赐之使自杀)之赐,包胥不受救国之功,其胜于伍员多矣!

【原文】周楚申包胥仕为大夫,与伍员友善。平王杀员父奢兄尚。员曰:"吾必复楚①!"包胥曰:"我必兴之!"及吴师伐楚,入郢,包胥乃之秦,乞师救楚。依庭墙而哭,日夜不绝声,勺水不入口②。七日,秦伯哀之,乃为之赋《无衣》之诗③。包胥九顿首而坐。秦师出,昭王返国。赏其功,逃不受。

【注释】①复:报复。②勺水:一勺水。指少量的水。③无衣:《诗·秦风》篇名。写士兵在战斗前的相互帮助和同仇敌忾之情。春秋时楚国郢都被吴军攻破,楚臣申包胥向秦国请求援兵,秦哀公曾赋《无衣》以示同情,并随即出兵援楚。

【译文】周朝时楚国的申包胥在楚国担任大夫,他和伍员很交好。后来楚平王把伍员的父亲伍奢和伍员的哥哥伍尚都杀死了。伍员说:"我一定要报复楚国!"申包胥说:"我一定会复兴楚国!"等到后来伍员带了吴国军队来讨伐楚国,军队攻进了楚国的国都郢,申包胥就到秦国去,请求军队来救楚国。起初秦伯不肯答应,申包胥就靠在宫庭的墙壁上哭着,日日夜夜不断声,一点水都不进口。就这样不吃不喝地哭了七天之后,秦伯哀怜他的一片忠心,于是为他赋了一篇《无衣》诗。申包胥叩了九个头,才坐下来。秦国的军队出发,吴国的军队才退了,楚昭王回到了楚国。昭王要奖赏申包胥的功,申包胥就逃走了,不肯接受。

五十四 包胥乞师

五十五 范式素车

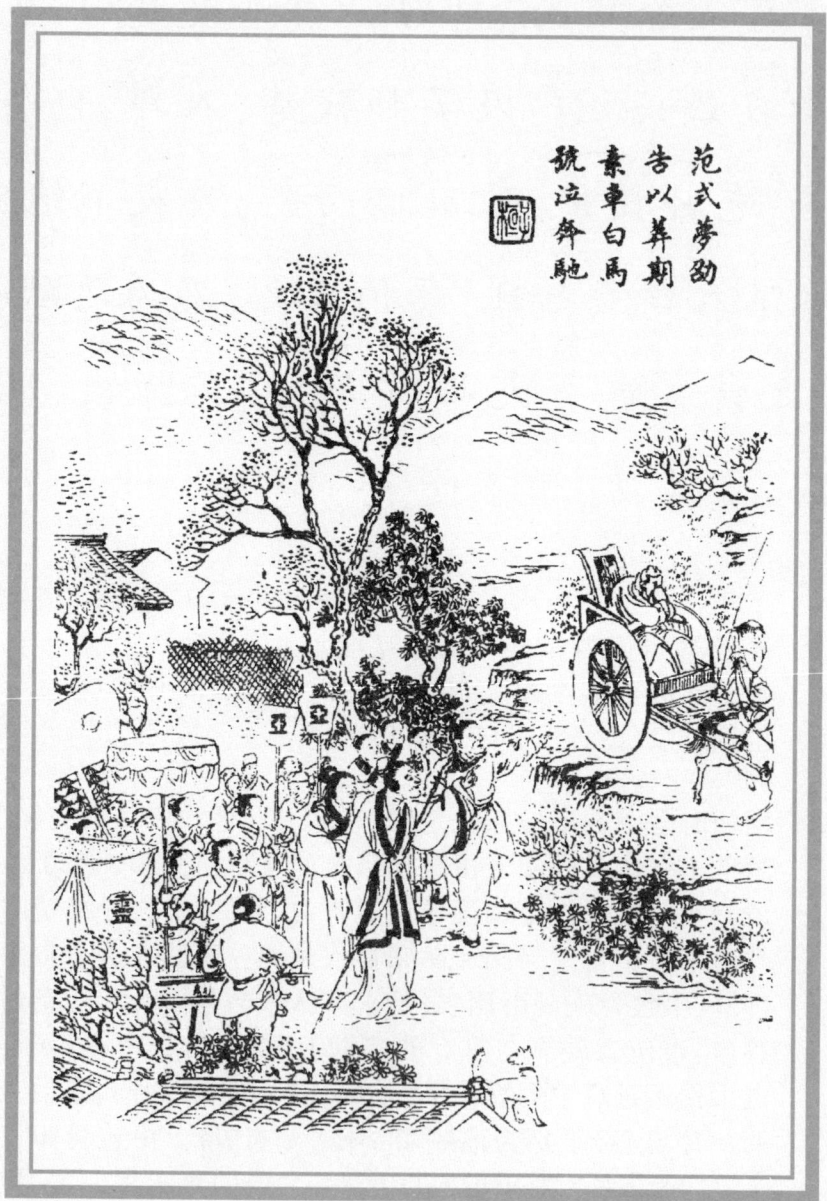

范式梦劭
告以葬期
素车白马
号泣奔驰

【原评】许止净谓吾读此传,辄流涕不能止。叹古人朋友之交,相信以心,生死不渝如此。《书》称朋友之交止于信。范张二君,其信之极致者耶!诚后人之模范,所当铸金祀之。

【原文】汉范式与张劭为友,忽梦劭曰:"我以某日葬,子能相及乎?"式奔赴①。丧已发,柩不肯前。劭母抚之曰:"元伯岂有望耶②?"移时,见有素车白马号哭而来者。母曰:"必范巨卿也!"式至,叩丧而言曰:"行矣元伯,死生异路,永从此辞!"因执绋引柩③,乃前。式遂留塚次④,为修坟树,乃去。

【注释】①奔赴:奔向(一定目的地)。②元伯:张劭之字。③绋:古代出殡时拉棺材用的大绳。④塚次:墓所在之处。塚,古同"冢",尘土。

【译文】汉朝的范式和张劭是朋友,有一天晚上,范式忽然梦见张劭对他说:"我将在某日下葬,你能够赶到吗?"范式醒来后就马上急速赶去送丧。那一天张劭的丧车已经要出发了,可是灵柩不肯向前。张劭的母亲抚着灵柩说:"难道元伯你还有要等的人吗?"过了一会儿,就看见有匹白马驾着一辆素车赶来,车上坐着一个号淘大哭的人。张劭的母亲说:"来的人一定就是范巨卿了!"范式到了之后,叩着丧车说:"走吧元伯,死和生不同路,从此以后永远告别了!"说完,就手执丧车的大绳牵引灵柩前行,于是灵柩才向前推进了。范式就留住在张劭的坟墓旁边,为他修整坟墓旁边的树木,修理好之后才离开。

五十六 邓训纳胡

【原评】胡俗耻病死,每病困,辄自刺。邓训使医疗之。多愈,莫不感悦。戎俗父母死,耻悲泣,皆骑马欢呼。至训卒于官,莫不吼号。或以刀自割曰:"邓使君死,我曹亦俱死耳!"其恩信感羌胡如此,不愧邓禹之子矣!

【原文】汉邓训为校尉时①,羌胡相攻②。议者以为县官之利③。训乃令开城,及所居园门,纳胡妻子,严兵守备。羌掠无所得。诸胡言:"汉家常欲鬬我,今邓使君待我以恩信,开门纳我。"咸欢喜叩头,曰:"唯使君所命!"因发秦胡羌兵,掩击迷唐④。唐远徙。烧当豪帅⑤,款塞纳质⑥。威信大行。

【注释】①校尉:官名。掌屯兵,其秩有二千石。西汉始定为武官名,位略次于将军,并随职务冠名号,如中垒校尉等。汉武帝时置八校尉为分掌宿卫京师各部队之将领。②羌胡:指我国古代的羌族和匈奴族。③县官:指政府。④迷唐:烧当羌首领。羌王迷吾的儿子。⑤烧当:汉代西羌部族名。⑥款塞:叩塞门。谓外族前来通好。纳质:送纳人质。这里具体指烧当族的元帅让他的儿子和贵臣当作人质,为了取信。

【译文】汉朝邓训担任校尉官的时候,羌人和胡人相互攻杀。当时很多议论的人都认为这是政府的有利时机。可是邓训却下令打开城门,以及自己所住的地方的园门,来收留胡人的妻子和孩子,并部署兵队严加防守。因此羌人过来抢掠了却一无所得。胡人都说:"以前汉朝人常常想要来同我们争斗,现在邓使君却用恩德信用来对待我们,打开城门收留我们。"于是大家都很欢喜地叩了头,说:"从此以后,我们听候使君的差遣和命令。"于是邓训发了秦胡羌的军队,去袭击迷唐。迷唐就逃到很远的地方去了。烧当族的元帅,也到军营里来通好,并且把他的儿子送来做人质以取得信任。因此邓训的威严和信用广为流传。

五十七　赵柔一言

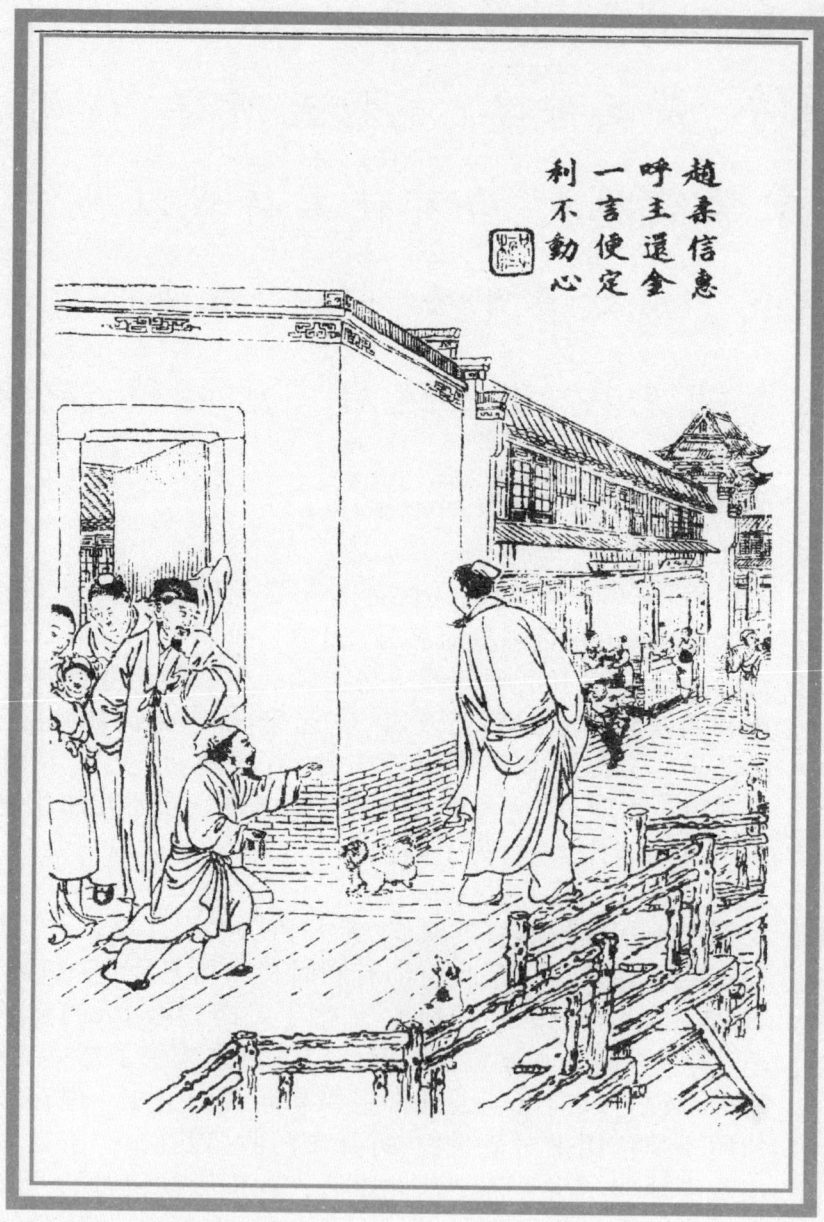

赵柔信惠
呼主退金
一言便定
利不動心

【原评】求善贾(贾,音jià。通"价",价格)而沽(沽,卖)诸,此经商之常情也。是以龙断(龙断,谓把持市面,以独取利者。龙,同"垄")者有之;居奇者有之;价值之增减,视供求之多寡而屡改者有之,此皆信德之未固耳。赵柔训子一言,可以为信义通商之殷鉴。

【原文】北魏赵柔,字元顺,金城人①,少以德行才学著名。仕河内太守②,甚著信惠。尝在路,得人遗金珠一贯,呼主还之。后有人遗柔铧数百枚者③。柔与子善明鬻之市,只索绢二十疋④。善明知其价贱,欲取回之。柔曰:"与人交易,一言便定,岂可以利动心?"遂与之。缙绅闻而敬服⑤。

【注释】①金城:地名。古郡,在今甘肃兰州之西北。②河内:蔡振绅认为在今河南省沁阳市。③铧:农家起土之器。④疋:同"匹"。⑤缙绅:古代称有官职的或做过官的人。也作"搢绅"。

【译文】北魏的赵柔,字元顺,是金城人,年轻的时候就凭借道德品行和才识学问而出名。后来在河内做太守官,恩信慈惠都很显著。他曾经在路上拾得了别人遗失的一串金珠,他就呼唤失主把金珠送还给他。后来有人送了赵柔几百个掘地用的铁锹。赵柔就和儿子赵善明到集市上出卖,他只讨要了二十匹绢的卖价。赵善明知道这个卖价太便宜了,就想收回来不卖了。赵柔对儿子说:"和人家交易,一句话就讲定了的,哪里能够因为利益动心就反复呢?"于是就卖给了他人。地方上的缙绅人士听说这件事,都非常敬重佩服赵柔的为人。

五十八 傅岐约囚

傅岐决狱
冬节纵囚
如期而返
恩信千秋

【原评】晋有曹摅,南宋有王志,南齐有何胤,宋有徐光实,皆有约囚归去,如期而还之事。夫惟有恩信于民,民自不忍欺也。至傅岐,则去任之日,县民无老少,皆出境拜送,号哭闻数十里。其感人尤深矣!

【原文】梁傅岐为始新令①,有因鬭相殴而死者,诉于郡。郡录其仇人,拷掠备至,终不任咎②,乃移于县。岐命脱械③,和颜问之,即首服。法当偿命,会冬节至④,岐放令还家。狱曹掾固争曰⑤:"古者有之,今不可行!"岐曰:"彼若负信,县令当坐!"竟如期而返。郡守深为叹异,遂以状闻。

【注释】①始新:在今安徽黄山市范围内。②任咎:承担罪过或罪责。③脱械:去掉刑具。④冬节:冬至。⑤狱曹掾:狱官。

【译文】梁朝傅岐担任始新县的县令时,有一件因为相互斗殴而打死人的案子,状子告到了郡府里。郡府里把凶手捉到了,用尽各种拷打、刑讯手段,犯人终究不肯承担罪责,于是就把这件案子移到县里去审问。傅岐就命人把犯人的脚镣手铐都去掉,带着和蔼的面色询问他。凶手马上就坦白服罪了。按照当时的法律,凶手应当要抵命的,但恰巧冬至节到了,傅岐就放了他让他暂时回家去过节。狱官坚决反对说:"放犯人暂时回家这种事,古时候是有的,但是现在行不通。"傅岐说:"他要是失信不再返回牢里来,那么我这个县令就应当被判罪!"结果凶手竟然按照约定的期限返回来了。当时的太守深为惊叹,于是就把这件事上报使朝廷知道。

五十九 怀古赴獠

唐裴怀古
仗信赴獠
轻骑定乱
青史名標

【原评】郭子仪免胄见回纥之酋（酋，魁帅），回纥舍兵下拜。裴怀古轻骑诣夷獠之营，夷獠大喜而降。岭外且由是悉定。郭公信于北，裴公信于南。孔子谓："言忠信，行笃敬，虽蛮貊之邦行矣。"观于郭裴二公，益觉明甚。

【原文】唐裴怀古有文武才。适獠反①，朝廷思得良吏以镇之。朱敬则以裴怀古荐，遂拜为桂州都督②。怀古即飞书示以祸福，獠皆迎拜。怀古轻骑赴之，左右曰："夷獠无信，不可忽也。"怀古曰："吾仗忠信可通神明，而况人乎？"遂诣其营，贼众大喜而降。岭外由是悉定③。

【注释】①獠：古代对我国西南少数民族的蔑称。宋·周去非《岭外代答·蛮俗·獠俗》："獠在右江溪峒之外，俗谓之山獠，依山林而居，无酋长、版籍。"②桂州：故治在广西桂林县。都督：即武骑尉。③岭外：岭南。

【译文】唐朝的裴怀古，有文武之才。这时候，恰巧西南蛮夷之族獠造反，朝廷想要找一个贤能的官吏到那里去镇服獠民。朱敬则向皇帝推荐了裴怀古，于是裴怀古就被任命为桂州都督。裴怀古到了那里马上写了一封信给獠民，向他们说明祸福利害的道理。于是獠人都要来拜见迎接裴怀古。裴怀古只带了几个轻装的骑兵前往，他手下的人劝他说："蛮夷的人没有信用，您不能轻忽了。"裴怀古说："我靠忠信的正气能够沟通神明，何况是人呢？"于是就到獠人的兵营去，獠人们都非常欢喜地投降了。岭南从此就平定了。

六十 李源赴约

李源赴约
后十二年
中秋月夜
天竺寺前

【原评】十二年后之中秋夜,有月与否,可以预知乎?然孔曰百世可知,孟曰千岁日至,可坐而致,十二年何足异乎?最难得者,李源竟如期赴约,圆观亦践言而来。身虽异而性长存,圆观亦可谓真信士也。

六十 李源赴约

【原文】唐李源与僧圆观为友。圆观将亡,与源约于后十二年中秋月夜,杭州天竺寺①,为再见之期。届时,源赴所约。时月色满川,无处寻访。忽闻有牧竖乘牛而歌②,至寺前,乃圆观也。源问:"观公健否?"曰:"公真信士!与公殊途,慎勿相迎。但愿勤修不惰,终得相见。"言毕,歌而去。

【注释】①杭州:今浙江杭州市。少部分地区归入余杭县。天竺:在杭州市灵隐山飞来峰之南,分上、中、下三竺,都有寺。中下二寺均隋建,上天竺寺系吴越建。②牧竖:牧童。

【译文】唐朝的李源和一位叫圆观的僧人做了朋友。圆观将要死的时候,和李源约定在十二年后的中秋日有月亮的晚上,在杭州天竺寺里,是大家再次相见的时候。到了那一天,李源就赶到那儿去赴约。当时的月色很好,笼罩满整个西湖的水面,但是无处可寻访到圆观。这时李源忽然听见有个牧童骑着牛,唱着歌走来,等牧童走到了寺门前,原来就是圆观。李源问道:"观公您近来可否康健?"圆观说:"你真是一个有信用的人!可是我现在和你阴阳异路,千万不能面对着你。但愿你勤奋修行不懈息,那么我们终究能够相见的。"说完话,就唱着歌离开了。

六十一　姚顗化工

姚顗未第
出游嵩山
白衣託德
虔禱而還

[原评] 姚顗之信，诚通于鬼神矣。且其性仁恕，多为仆妾所欺，心虽察之，而不能面折，终身无喜怒。家人市货百物，入增其倍，出减其半，不询其由。宜乎为白衣虔祷后。次年即擢进士第，卒为末帝辅相焉。

【原文】后梁姚顗未第时①，出游嵩山②。有白衣丈夫，拜路侧，请为仆。顗不纳。乃曰："鬼神享于德，君子孚于信。余鬼也，因获谴③，将托贤者之德，通化工之信④。公，中夏之相辅也⑤。今为谒中天之祠，以某姓名求之，神必许诺，幸无辞焉。"顗因为虔祷而还。白衣迎于山下，拜谢而退。

【注释】①未第：未中进士。②嵩山：在河南登封市北。③谴：罪责。④化工：指天工。⑤中夏：即中华。

【译文】五代时后梁的姚顗还没有中进士的时候，到嵩山去游玩。忽然有个穿白色衣服的人在路旁拜谒，请求给他做仆人。姚顗不肯收留他。那个人就说："鬼神在德行上受享，君子在诚信上为人所信服。我是个鬼，因为犯了罪，想要依托你的德行，和神明通个诚信。你是将来中华的宰相，现在请为我拜谒中天祠，把我的姓名告诉神明，并请求他饶恕我的罪过。神明一定会答应你的，希望你不要推托才好。"姚顗于是为他虔心祷告了才回来。那个穿白衣服的人在山下迎接他，向他拜谢了才离开。

六十二 司徒投经

【原评】司徒诩之渤澥投经,亦犹蔡状元之洛阳造桥也。盖皆以一愿而不肯失信于神明耳。今之信誓旦旦者比比矣,其亦各自了愿为美焉。吾录此,亦以见佛经所在。龙天且供养矣,宁不重哉!

【原文】后汉司徒诩除礼部侍郎①。尝使吴越②,航海至渤澥之中③,水色如墨。舟人曰:"其下龙宫也。"诩炷香兴念曰:"回棹时,当以金篆佛书一帙④,用伸赆献。"还经其所⑤,遂以经一函投海中。俄闻梵呗丝竹之音⑥,喧于船下,舟人曰:"此龙王来迎经也。"同舟百余人皆闻之,无不叹讶⑦。

【注释】①后汉:五代之一。刘知远所建,国号汉,史称后汉。有今河南、山东、陕西、甘肃、湖北,及山西长城以南、安徽北部、河北北部之地。②吴越:五代十国之一。后梁封钱镠为吴越王,并有两浙及苏州之地。③渤澥:即渤海。嵌入辽东半岛、山东半岛间之内海。④帙:包书套子,用布帛制成。⑤还经其所:归时经过那个地方。⑥梵呗:僧徒赞叹咏歌之声。⑦叹讶:惊叹。

【译文】五代时后汉的司徒诩升了礼部侍郎。他曾出使到吴越国去,船在海上航行到了渤澥的海面,海水的颜色像墨一样的黑。船夫说:"这里水下就是龙宫啊。"司徒诩听了就烧了一炷香,发愿说:"我坐船返回到这里的时候,一定用一部金篆的佛经送给龙王,作为我表达敬意献给您的礼物。"后来司徒诩坐船返回又经过那个地方,就把一部佛经丢到海里。过了一忽儿,就听见和尚赞叹咏歌之声和丝竹乐器吹弹的声音,在船底下响了起来。船夫说:"这是龙王来迎取佛经了。"同船的有一百多人都听见了,没有一个不感到惊叹的。

六十三 蒙正三对

蒙正为贤
三问三对
不道妄言
犯颜无碍

[原评] 先君曰："吕参政，忠直之士也，有雅量，敢犯颜直谏。太宗见庶民繁盛，有骄盈之志，得蒙正数语，虽变色不言，而骄盈之气已抑。即如随主意害国事等语，非公忠自矢者，不能道此。"

六十三 蒙正三对

【原文】宋吕蒙正初入朝,或曰:"此子亦参政耶①?"同列不能平②,蒙正止之曰:"知其姓名,终身不能忘,不如弗知之为愈也。"上欲遣人使朔方③,蒙正以名进。上不许。三问,三以其人对。上怒曰:"卿何执耶?"蒙正曰:"臣不欲用媚道④,妄随人主意以害国事。"上重其量,卒用其人,果称职。

【注释】①参政:参知政事之官。②同列:同等之僚友。③朔方:北方。④媚道:逢迎取悦的方法。媚,逢迎取悦。

【译文】宋朝吕蒙正刚进入朝廷做官的时候,有人说:"这个人也来参与朝政吗?"吕蒙正的同伴听了,很替他不平,就要去查明说话的人是谁。吕蒙正阻止说:"我知道了这个人的姓名,就终生不能忘了,还不如不知道的好。"皇上想要派人出使到北方去,吕蒙正就把一个人的名字呈献上去,皇上不答应。皇上又问了他三次,吕蒙正三次都以那个人来应对。皇上发怒了,说:"你为什么这么固执呢?"吕蒙正说:"我不想要用逢迎取悦来服侍皇上,胡乱跟随皇上的意思来贻害国家的大事。"皇上很敬重吕蒙正的度量,最终就用了那个人做北方的使官,那人果然很称职。

六十四 狄青无欺

【原评】先君曰："狄将军初以卒伍位至枢密，其战功将略，可想而知。生平不矜不伐，故恩遇日隆，不为朝廷所惧。观其夜度昆仑，非智勇俱全，焉能从容若此？至不报依死，不去面涅，益见其诚信无欺矣。"

【原文】宋狄青为荆湖宣抚使①。侬智高寇扰日甚,青上表请行,诏从之。青按兵止营,暗度昆仑关②,大败侬智高于邕州③。贼尸有衣金龙衣者,众谓智高已死,欲以上闻。青曰:"安知其非诈耶?宁失智高,不敢欺朝廷以贪功也。"上见其面有涅④,敕敷药去之。青奏明其故,不奉诏。

【注释】①荆湖:即今湖南洞庭湖以南新化绥宁以东全境,及广西全州县地。宣抚使:官名。宋代宣抚使为镇抚一方之军政长官,职位高于安抚使。②昆仑关:在广西南宁市东北一百二十里昆仑山上,故而得此关名。昆仑关自北宋年间设立,历史上为多次兵家交锋之地。③邕州:今广西南宁市治。④涅:刺字于面,以墨涂之。

【译文】宋朝的狄青是荆湖的宣抚使。当时侬智高侵犯骚扰边境一天比一天厉害,狄青就上奏章给皇帝请求前去攻打侬智高,皇上下诏书批准了他。狄青按兵止营,不动声色,暗暗地渡过了昆仑关,在邕州打败了侬智高。在贼兵的尸首堆里,有一个是穿着金龙衣的,于是大家都说侬智高已经死了,就要把侬智高已死的消息上报皇上。狄青说:"哪里知道不是欺诈呢?我宁可失去这个功劳,也不敢为了贪功去欺骗朝廷。"有一天皇上看见狄青脸上有涅墨,就下令用药给他除去。狄青向皇上奏陈清楚其中的缘故,便没有接受皇帝的这个命令。

六十四 狄青无欺

六十五　赵抃告天

铁面赵抃
夜必告天
移文诸郡
授舟给钱

【原评】人能学赵公之不欺己,不欺天,自能如赵公之临终词气不乱,安坐而逝矣!许止净谓公之修行精进,至老不懈。深山老衲,尚不多遘(遘,音gòu。遇,遇见),况富贵至极者乎?学道有得,大愿度人,极大丈夫出世之能事矣!

【原文】宋赵抃平生，日间所为之事，夜必衣冠露香以告于天。不可告者，则不敢为也。知虔州①，岭外任者死，多无以为归。抃造舟百艘，移告诸郡曰②："仕宦家不能归者，皆于我乎出。"于是至者相继。悉授以舟，并给道里费。累官太子少保，弹劾不避权幸③。京师号为"铁面御史"。

【注释】①虔州：即今江西赣州市。②移：移文。③弹劾：指责揭发。权幸：谓有势位而得宠于君者。④老衲：年老的僧人。

【译文】宋朝的赵抃生平为人很正直，白天做的事，晚上一定穿上礼服在露天烧香来向上天禀告汇报。有不可禀告的事，他就不敢去做。他管理虔州时，在岭外做官的人因受不惯瘴气，很多都死了，因此他们的家小很多都不能够回故乡去。赵抃就造了一百只船，写移文告诉各郡长官说："有做官人的家小不能回到故乡去的，都向我说出来。"于是到赵抃这里来的人前后相接，连续不断。赵抃就把造好的船都给了他们，并给了他们路费。后来他做官一直做到了太子少保，弹劾官员的过失时从不避开那些有权势或受宠的人。因此，当时京城里的人称他为"铁面御史"。

六十六 庭式心许

庭式及第
不负初心
辛娶瞽女
如鼓瑟琴

[原评] 许止净谓古有长寿者，人问其故。曰："生来妻貌丑。"是丑妻乃延寿之符，可贺不可厌也。况庭式不负初心，最为仁厚。仁者必寿，岂待蓍龟（蓍龟，古代占卜用具。蓍所以筮，龟所以卜，皆因古人以为它们是神物）乎？东坡达人，讵不知此？殆欲藉庭式以警醒天下后世耳！

【原文】 宋刘庭式未第时,议娶乡人女,未纳币①。既及第,女病丧明②,家贫甚,不敢复言。或劝纳其幼女。庭式笑曰:"吾已心许之矣,岂可负初心哉?"卒娶之,生数子。后死,遂不复娶。苏轼问之曰:"哀生于爱,爱生于色。今君爱从何生?"庭式曰:"吾知丧吾妻而已。"后老于庐山③,享高寿。

【注释】 ①纳币:即古礼"纳征",宋时避讳,改"纳成"。司马书仪改称"纳币",通礼因之。纳征是婚礼六礼之一。纳吉之后,择日具书,送聘礼至女家,女家受物复书,婚姻乃定。亦称文定,俗称过定。②丧明:眼睛失明。③庐山:山名。在江西星子县西北,九江县南。周时匡俗隐此,定王使人访之,仅存空庐,故名"庐山",亦曰"匡山"。

【译文】 宋朝的刘庭式在还没有中进士的时候,就已商议了要娶同乡人的女儿做妻子,可是还没有下聘礼。后来刘庭式已经中了进士,那个女子生病眼睛失明了,并且家里也穷得很,所以不敢再向刘庭式提起婚事了。有人劝刘庭式娶那家双眼不瞎的小女儿。刘庭式笑着说:"我当初已经在心里应许那个女子做我的妻子了,怎么能背弃我的初心呢?"终于娶了那个失明的女子,生了几个儿子。后来妻子死了,刘庭式就不再娶妻了。苏轼问他说:"悲哀是从爱情里生出来的,爱情是从容貌美色上生出来的。现在你对尊夫人的爱情是从什么地方生出来的呢?"刘庭式回答说:"我只知道失去我的妻子而已。"后来刘庭式在庐山地方养老,享有高寿。

六十七 文同叠舌

文同不妄生死一般
三叠其舌引至眉間

【原评】许止净曰:"同不妄语,死后现身,舌引至眉际。如来真语、实语、如语,圆满舌之千二百功德,故能出广长舌相。遍覆三千大千世界,识者以小知大,可无疑惑。"

【原文】宋文同赴官陈州①,至宛邱驿②,忽留不行。沐浴正冠,正坐而卒。崔公度尝同为馆职,见同京南③,将别,曰:"明日复来乎?"公度明日往。同左右顾,恐有听者,乃曰:"吾闻人不妄语者,舌可过鼻。"即吐其舌,三叠之④,如饼状,引至眉间。公度大惊。及京中,传同死,乃悟所见非生者。

【注释】①陈州:即今河南淮阳县治。②宛邱:在今淮阳县东南。驿:驿站。③京南:京都之南。④叠:折叠。

【译文】宋朝的文同到陈州去做官,到了宛邱的驿站里,忽然留住不走了。他濯发洗身,整理衣冠,端端正正地坐着死了。当时有个崔公度,曾经和文同一起担任过馆职,他在京南遇见了文同,快要分别的时候,文同对着崔公度说:"你明天还再来吗?"崔公度第二天就再前去见他。文同环视左右,恐怕有偷听的人,就说:"我听说平生不说诳话的人,他的舌头伸出来能伸过鼻子的。"于是就吐出他的舌头,叠了三层,好像一个饼的样子,再伸长,就到了眉毛间,崔公度见了非常害怕。后来到了京城里,京中传出了文同已经死去的消息,崔公度于是才觉悟,自己之前所看见的并不是活着的人。

六十八 孙固诚粹

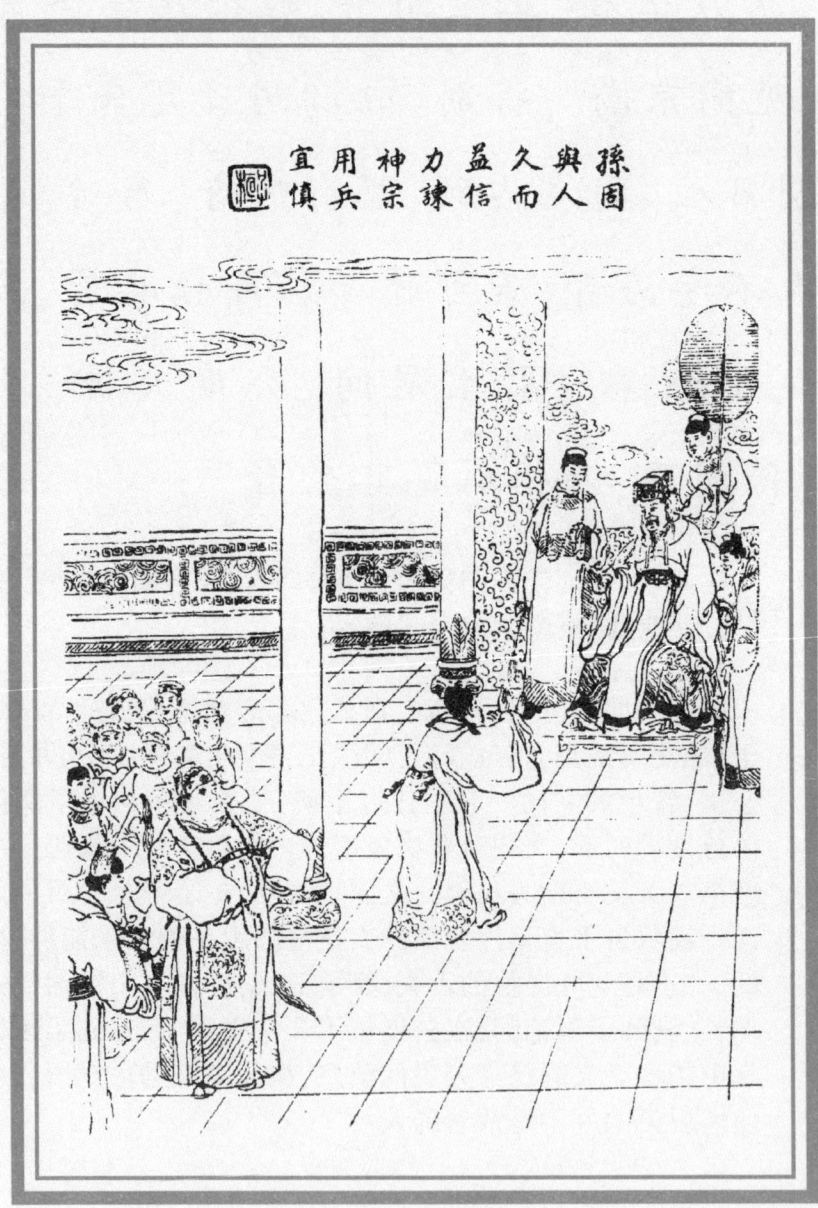

孙固为人诚信而久与宋神宗言兵益慎宜用力

[原评]考孙公九岁时,读《论语》,曰:"吾能行此。"徂徕石介一见,以公辅期之。尝曰:"人当以圣贤为师,一节之士,不足学也。"又曰:"以爱亲之心爱其君,则无不尽矣。"傅侍郎犹称之,盖其信德,不在司马温公下也。

【原文】宋孙固,字和父,管城人①。幼有立志,及长,宅心诚粹②,不喜骄亢③。与人居,久而益信,故不为人所疾害。神宗用宦者李宪总兵伐夏④,固力陈其不可状。帝不从。既而师出无功,帝曰:"朕始以固为迂,今悔无及矣!"傅尧俞言司马之清节,孙公之淳德,盖所谓不言而信者也。

【注释】①管城:即今河南新郑市。②宅心:存心。③骄亢:骄纵不逊。亢,高,高傲。④宦者:宦官。夏:赵元昊称帝,国号"夏",都兴庆,即今宁夏银川。

【译文】宋朝的孙固,字和父,管城人。他从小就有志气,长大了心地很诚实纯正,不喜欢骄纵不逊的行为。他和别人居住在一起,日子愈久愈显得他更有信用,所以不被人所嫉妒、陷害。神宗皇帝任用宦官李宪带领军队去讨伐西夏,孙固竭力向皇帝陈说用兵的害处,可是皇帝不肯听他的。随后军队并没有立下功劳。神宗皇帝说:"我从前以为孙固说话迂腐,现在我后悔也来不及了!"当时的傅尧俞说司马温公清白的品节,和孙公纯正的德行,都是所谓的不用说什么就能得到别人的信任的品德。

六十九 安世不妄

安世從學
受教以誠
論事剛直
面折廷爭

【原评】妄语，人多以为细故，而不知实吾人作圣作狂之大关键。盖不妄语者，无自欺也。黄洽云："居家不欺亲，仕不欺君，仰不欺天，俯不欺人，幽不欺鬼神，故能诚心自然天下敬信。"安世可谓善择所师矣！

【原文】宋刘安世从学于司马光。光自少至老,语未尝妄。自言:"吾无过人者,但平生所为①,未尝不可以对人言。"安世习光之学,尝问尽心行己之要。光教之以诚,且令自不妄语始。故安世后除谏官②,论事刚直,正色立朝,知无不言,言无不尽。其面折廷争③,人目之为"殿上虎"。

【注释】①平生:平日。②谏官:掌谏诤的官员。③面折廷争:当面指责别人的过失,在朝廷上争论。指直言敢谏。

【译文】宋朝的刘安世在司马光那里就学。司马光从小到老,说话未曾虚妄不实。他自己说过:"我没有什么胜过人的地方,不过我平日间所做的事,没有一件是不可以对人家说的。"刘安世学习司马光的学问,曾经询问司马光关于尽心行己的关键。司马光就用诚实之道教他,并且让他从不说诳话开始做起。所以刘安世后来做了谏官,议论事情非常刚直,在朝中庄重而严肃,凡是知道的没有不说的,说的时候也都毫不保留。因为他直言敢谏的行为,所以人们把他看作是"殿上虎"。

六十九 安世不妄

七十　姚雄许女

姚雄许女
未及成婚
婿家流落
竟归德门

[原评]雄为将，其未婚婿，方为寨主之子也。及为帅，其未婚婿，已为卖饼妪之子，几无以自存。且妪亦无法求雄耳，雄乃自言之，竟载还毕婚。雄之信德尚矣！而妪因不失士人家风，此其得以复合也。

【原文】宋姚雄初以女许寨主之子,后寨主妻子流落。雄为边帅,遇一妪浣衣①,见其有士人家风②,问之。妪曰:"昔良人守官边寨,有姚姓者,许以女归妾子。今夫既丧,惟货饼自给耳③。"雄曰:"某是也。女自许归,别有求婚,某并不允。"妪感泣,气咽不语④。久之,雄留妪,并其子俱载还。

【注释】①妪:老妇之通称。②家风:指家庭或家族的传统风尚或作风。③货:卖。④咽:阻塞。

【译文】宋朝的姚雄,起初把女儿许配给寨主的儿子,后来寨主的妻子和孩子们都流落了。姚雄任边城元帅,有一次遇到了一个老妇人正在洗衣服,看她的举止动静,很有士人家风,于是就去问她。老妇人说:"从前我丈夫在边城里守寨做官,有一位姓姚的,把女儿许给了我的儿子。现在丈夫已经死了,只能卖着烧饼养活自己了。"姚雄说:"姓姚的就是我。我的女儿自从许给了你们之后,再有人家来求婚,我并没有答应。"老妇人心里十分感激,流着眼泪,气被塞住了而说不出话来。多时以后,姚雄就把他们母子都用车接载回家里去了。

七十一 杨荣谏征

杨荣警敏
止调民兵
示天下信
成祖罢征

【原评】杨公历事四朝，谋而能断，论事激发，不容人过。然遇人触帝怒，致不测，往往以微言导解。夏元吉李时勉之不死，都御史刘观之免戍边，皆赖其力。至止调江西民兵，昭示天下以信，洵不愧唐姚崇矣！

【原文】明杨荣,字勉仁。成祖时,同直文渊阁七人①,荣最少、警敏。一日,宁夏报被围,帝示以奏。曰:"宁夏城坚②,人皆习战。奏上已十余日,围解矣!"夜半奏至,围果解。帝谓荣曰:"何料之审也③?"征阿鲁台时④,或请调江西民兵。荣曰:"陛下许民复业,一旦复征之⑤,非示天下信也。"帝从之。

【注释】①直:直宿。文渊阁:在紫禁城内东南隅,中贮《四库全书》,即后来的内阁。②宁夏:今宁夏回族自治区贺兰县。③审:确切。④阿鲁台:服属察哈尔永乐十一年来降,封和宁王。⑤征:征调。

【译文】明朝的杨荣,字勉仁。成祖皇帝在位的时候,和他一同直宿文渊阁的有七人,杨荣的年纪最小,却最机警、敏达。有一天,有奏章上报说宁夏城被敌人围困,皇帝把奏章给了杨荣看。杨荣说:"宁夏的城很坚固,况且那地方的人民都熟悉作战。这个奏章已有十多天了,现在包围恐怕已经解了!"到了当天半夜有奏章到,宁夏城的包围果然已经解了。皇帝对杨荣说:"你为什么能把这个事预料得这么详细确当呢?"后来朝廷要去征伐阿鲁台时,有人主张调用江西的民兵。杨荣说:"皇上已经答应了百姓恢复他们的职业,给他们安息,现在再去征召他们当兵,这不是向天下人展示皇上的信用啊。"皇帝就听从了他。

七十二 春芳践姻

春芳入塾
见许负薪
应试得意
不解前姻

【原评】李公家素贫寒，其父仅为县中小吏。卒致登魁选，履相位，子孙科甲不替，无非以不失信基之耳。不然，其子孙即非负薪之女所出矣，其亦科甲不替也否耶？信近于义，吾于李公践姻见之矣。

【原文】 明李春芳家贫。童年入村塾时①,先有负薪者憩土地祠门首②,忽闻庙中云:"今日李状元上学,当洒扫街道③。"起视无人,复坐。又闻曰:"李宰相来矣。"果有人携童子捧书入庙。遂询其姓名,以女许之。后春芳应试入泮,或有讽其解负薪之姻者④,春芳坚拒之。旋迎娶偕老。

【注释】 ①村塾:旧时乡村私塾。②憩:休息。③洒:洗涤。④讽:托词,以感动之。

【译文】 明朝的李春芳家里非常穷苦。他幼小的时候到村里的私塾去读书时,先有一个挑柴的人,在土地庙门口休息着,忽然听见庙里有人说:"今天李状元来上学,应当洒水清扫街道。"挑柴的人起身到庙里去看,并没有人。于是又回到原来的地方坐下了。又听见庙里有人说:"李宰相来了。"果然有人带着一个小孩子,捧着书本进庙。于是挑柴人就询问他的姓名,并把女儿许配给了他。后来李春芳考取了秀才,有人劝他解除和挑柴人家的婚约,李春芳坚决地拒绝了那个人。不久,李春芳就把挑柴人的女儿迎娶过来,两夫妇共同生活到老。

七十二 春芳践姻

七十三 邓曼抚民

邓曼君　谏君抚民　以信教民　莫教　未刑师　败楚阵师

【原评】莫敖之败,伯比见其趾高而知之,邓曼仅闻其心不固而知之。其谏君抚小民以信一言,尤为识见过人处。民无信不立,莫敖不自知,而伯比知之;楚子不及知,而邓曼言之。非伟识而何？楚子愧之矣!

【原文】周楚子熊通夫人邓曼,有伟识。楚子使莫敖屈瑕伐罗①,斗伯比送之,还,谓其御曰②:"莫敖必败!举趾高,心不固矣。"遂见楚子曰:"必济师③。"楚子辞焉,入告邓曼。邓曼曰:"大夫其非众之谓④。其谓君抚小民以信,而威莫敖以刑也。莫敖狃于蒲骚之役⑤,将自用也。不然,夫岂不知楚师之尽行也⑥?"楚子使人追之,不及。屈瑕果大败。

【注释】①**罗**:熊姓之国,故城在今湖北宜城市西二十里。其在湖南之三罗城,皆后迁徙之处。②**御**:驾车之人。③**济**:帮助;救助。④**大夫**:指伯比。⑤**狃**:习惯;习以为常。蒲骚,在今湖北应城市西北。⑥**夫**:指伯比言。

【译文】周朝时楚国国君熊通的夫人邓曼,有卓越的见识。楚君派了莫敖屈瑕去讨伐罗国。斗伯比去送行,回来的时候,就对给他驾车的人说:"莫敖屈瑕一定会失败!他走路的时候,脚趾举得很高,这说明他的心是不坚定的。"于是斗伯比就去见楚君说:"一定要帮助莫敖屈瑕的军队。"楚君不接受斗伯比的建议。楚君回到宫里后就把这番话告诉了邓曼。邓曼就说:"斗伯比的话不是一般所说的意思。他是对您说要用恩信去安抚老百姓,而要用刑罚去震慑莫敖屈瑕。因为莫敖屈瑕对他在蒲骚战役中取得的胜利习以为常了,所以他会很自大,自行其是而不接受别人的意见。如果不是这样的话,斗伯比怎么会不知道楚国的军队全都跟随莫敖屈瑕去打罗国去了呢?"楚君听了恍然大悟,马上派人去追莫敖屈瑕回来,不过已经追不上了。莫敖屈瑕后来果然打了大败仗。

七十三 邓曼抚民

七十四 卫姬信行

齐桓卫姬
信而有行
望色脱簪
下拜请命

【原评】 齐桓公好淫乐，卫姬为之不听郑卫之音。刘向颂其忠款诚信，吕坤谓其明哲至矣。世之愚妇人，征色发声而不悟(征色：征验于颜色。发声：发露于声音)，自纳其身于罝擭陷阱之中(罝擭：扣网，捕禽兽的工具)。死而不悔者，读卫姬传，可以悟矣！

【原文】 周卫姬①,齐桓公夫人也。公与管仲谋伐卫。朝入,姬脱簪解佩,下堂拜请卫之罪。公曰:"无故。"姬曰:"人君忿然充满,手足矜动者②,攻伐之色。今君趾高色厉声扬③,见妾而沮④,意在卫也。"公诺。明日临朝,管仲趋进曰:"君之临朝也,气下言徐,其释卫乎?"公曰:"善哉!夫人治内,仲父治外,寡人足以立于世矣!"君子谓卫姬信而有行。

【注释】 ①**卫姬**:卫,姬姓,故卫国之女皆称卫姬。②**矜动**:自大的样子。③**趾**:脚指头。④**沮**:阻止。

【译文】 周朝的卫姬,她是齐桓公的夫人。齐桓公上朝时和管仲谋划讨伐卫国。退朝以后齐桓公进入内室,卫姬看见桓公的神色不对,就脱下簪珥,解下环佩,走到堂下向桓公下拜,替卫国请罪。桓公就说:"我对卫国没有什么怨恨嫌隙。"卫姬说:"做国君的要是脸上充满了忿怒的颜色,手脚在舞动,这是要攻伐人家的表现。现在君上您走路时脚抬得很高,神色严厉,声音清扬,看见我却不这样表现了。这说明您的意图是在卫国上。"桓公于是就答应卫姬不去攻打卫国了。第二天齐桓公上朝,管仲趋步向前对桓公说:"今天君上到了朝堂里,气色温和,说话迟缓,您大概是放过卫国了吧?"桓公听了,说道:"好啊!有夫人帮我治理宫内的事,有仲父帮我治理外面的事,我足以在世界上立足了!"君子称美卫姬既有信用,又有品行。

七十五　敫女保国

敫女当国
信与诸侯
玉环试智
椎解不留

【原评】当战国之际，能十年不受兵已难。乃建立四十余年，得不受兵，其所以者何？盖由夫人当国事，事秦谨，与诸侯信也。不然，夫人卒后，齐国即亡于建手。故当国事者，固宜修战攻之备，而必以信为本也。

【原文】 周齐侯法章夫人太史氏，莒太史敫女也①。法章卒，子建立。夫人当国事，事秦谨，与诸侯信。以故建立四十余年，不受兵。秦君尝遣使至齐，遗夫人玉连环②，曰："齐多智，而能解此环否？"夫人以示廷臣，廷臣莫知所解。夫人引椎破之③，谢秦使曰："谨以解矣。"夫人卒后，建左右多受秦间珠玉④，劝朝秦。不修战攻之备，卒以亡国。

【注释】 ①莒：即今山东莒县。**太史**：掌记载史事、编写史书、起草文书，兼管国家典籍和天文历法等。②**玉连环**：套连在一起的玉环。③**椎**：铁椎。④**间**：间谍。

【译文】 周朝时齐侯法章的夫人太史氏，是莒地太史官敫的女儿。齐侯法章死了以后，他的儿子建登了位，夫人太史氏代理主持国事。太史氏对待秦国非常恭敬，对待各国的诸侯也很有信用，因此缘故建即位四十多年，没有受到战争的威胁。秦国国君曾派了使者来到齐国，送给太史氏夫人一个用玉做成的连环，并且说："齐国有很多聪明的人，你们能不能解开这个连环呢？"太史氏就把这个玉连环拿给朝堂上的臣子看，可是没有人知道解开这个连环的法子。太史氏就拿了一个铁锤，把玉连环敲破了，然后告诉秦国来的使者说："谨遵台命，把这个连环解开了。"太史氏死了以后，建左右的人很多受了秦国间谍的珠玉，他们劝说建向秦国朝拜称臣。由于齐国国内没有做好战事军备方面的准备，最后终于亡了国。

七十五 敫女保国

七十六　罗静自誓

罗静自誓
矢志不移
诈劫弟妹
以死告之

[原评]"信近于义。"有子言之。朱旷冒疫，为聘妻葬父而死，义也。罗静感之，自誓不嫁，求者十余，志无倾移，义而信矣。至弟妹被劫，出告杨祚，愿守以死，信之至矣。惟自信而后人信之。不然，杨祚岂肯弃去乎？

七十六 罗静自誓

【原文】汉朱旷聘妻罗静。未嫁而父病疫殁,邻比断绝往来①。旷立赴静家经营②,竣事而归③,亦病亡。静感之,誓不更嫁,与弟妹共居。求者十余,志无倾移④。杨祚将人众自往纳币⑤。静逃匿。祚劫其弟妹⑥。静恐为所害,乃出见之,曰:"实见朱旷为妾父而死,故托身死者,自誓不二。辛苦之人,愿哀而舍之。如不然,请守之以死。"祚乃弃去。

【注释】①邻比:指近邻之人。古代五家为比。②经营:谋作事物之统称。③竣事:了事;完事。竣,事情完毕。④倾移:偏离。⑤自往:亲自去。纳币:纳吉之后,择日具书,送聘礼至女家,女家受物复书,婚姻乃定。亦称文定,俗称过定。⑥劫:强取。

【译文】汉朝的朱旷聘定了罗静为妻子。罗静还没有出嫁,她的父亲就生了疫病死了。近邻的人担心传染了疫病,和她家断绝了往来。朱旷马上赶到罗静的家里去料理一切,事情完了回到家里,他也得病死了。罗静很感激他,便发誓不再改嫁,和弟弟妹妹一同住着。向她求婚的人有十多个,但她的志向并没有因此改变。有个叫杨祚的人带领了许多人亲自去向罗静下聘礼。罗静就逃走躲藏了起来。杨祚就劫持了她的弟弟妹妹。罗静担心弟妹被他杀害了,就出来见杨祚,并说道:"我确实看见朱旷因为我父亲的缘故而死了,所以才寄身于他,要为他守节,发誓不再嫁第二人。像我这样艰辛困苦的人,希望你哀怜我,把我放了。假使你不肯的话,那么请允许我以死来守护我的志向。"杨祚于是就放下他们离开了。

七十七　叔先梦期

叔先雄投江，托梦六日，为期必有，言中

【原评】曹娥求父十七日，而孝念不衰；叔先雄求父百余日，而孝思不匮（匮：缺乏，空乏）。曹娥投江五日，负尸以出；叔先雄且梦告其弟，约以六日，当共父出。梦中竟可约期，死后犹不失信，而其父尸亦经久不坏，奇哉！

【原文】 汉叔先泥和为县功曹①。县长遣迎郡守②，渡江舟覆，堕水死，尸不获。其女雄昼夜号泣，尝为自沉计。所生男女并数岁，雄各作囊，盛珠环，系其臂以为诀③。家人等闲之④，不得间⑤。后百余日，家人稍懈，雄乃至父堕处恸哭自投。其夜，梦告弟贤曰："后六日当共父出。"届期伺之⑥，果与父相持，浮于江上。郡县表其事，为图象立碑。

【注释】 ①**功曹**：汉代郡守有功曹史，简称功曹，除掌人事外，得以参预一郡的政务。②**郡守**：郡的长官，主一郡之政事。③**诀**：辞别，告别。④**闲**：防。⑤**间**：空隙。⑥**届**：到达。

【译文】 汉朝时的叔先泥和，是县衙门里的功曹。有一天县长派他去迎接太守。在渡江时船翻了，叔先泥和掉落到水里淹死了，并且尸首也打捞不着。他的女儿叔先雄知道后，就日夜号啕大哭，并且自己也想投到江里去。她所生的儿女只有几岁大，叔先雄就替儿女们各自做了一个袋子，装上了珠子首饰，然后绑在他们的手臂上，以此作为诀别。家里的人看守着她，让她没有机会。后来过了一百多天，家里看守她的人渐渐松懈了，叔先雄就到了父亲堕水的地方痛哭着跳了下去。就在这天夜里，叔先雄在梦里告诉他的弟弟叔先贤说："六天以后，我将同父亲一起出来。"到了第六天，叔先贤就在江边等候，果然叔先雄和父亲的尸首抱持着在江面上浮着。太守和县官就为她画像、立碑，来表彰她的事迹。

七十八 昌蒲慎言

張氏被毒
出言猶慎
平時與人
雖賤必信

【原评】钟会母言必有信，虽与鄙贱人言，不肯失信。惟其慎于言，故能言必有信耳。至受毒不言，犹恐不足以信之也。妻不妒妾，妾反妒妻，盖由会父先有贵妾擅嫡专家耳。张氏不言，益见其言之慎矣！

【原文】 魏钟会母张昌蒲，平时与人言，虽鄙贱必以信。妊会时①，妾孙氏妒甚，置毒食中。张觉而吐食，瞑眩数日②。或劝诉之。张曰："嫡庶相害，破家危国。傥不见信，谁能明之？彼谓我必诉，固将先我③。事由彼发，顾不快耶？"遂称疾。孙果谓会父曰："妾欲其得男，故饮以药，反谓毒之。"会父曰："暗置食中，非人情也。"讯侍者具服，遂出孙氏。

【注释】 ①妊：怀孕。②瞑眩：指用药后而产生的头晕目眩的强烈反应。③先我：先于己而告状。

【译文】 三国时，魏国钟会的母亲张昌蒲，平常即使是对卑微下贱的人说话，也一定以诚信相对。当她肚里正怀着钟会的时候，丈夫的小妾孙氏非常妒忌她，就放了毒药在她的食物中。张氏吃了一口之后发觉了，就把食物吐出来了，因药性反应而头晕目眩了好几天。有人劝张氏把这件事告诉丈夫。张氏说："一家中正妻与妾相互伤害，不但损毁自己的家庭，而且危害国家。倘若丈夫不相信，那么谁能来帮我证明呢？况且孙氏认为我会告诉丈夫，她一定会先去告诉他的。这件事由她来讲，岂不更直截了当？"于是张氏就称说有病。孙氏果然先对钟会的父亲说："我想要夫人生男孩，所以让她喝了药。现在她反说我毒害她。"钟会的父亲说："暗地里放药在食物中，这不是人情上所应有的事。"于是把随侍左右的下人叫来审问，那个下人就全部招认了。钟会的父亲于是就把孙氏逐了出去。

七十八　昌蒲慎言

七十九 丰妻裙带

平原公主
誓死守贞
心存段氏
裙带自明

【原评】 斯可媲美阴瑜之妻矣(媲:匹配)！然荀氏临死,匆遽粉书扉上,阴字未成而毕命；慕容氏适余三日,从容密书裙带,言笑自若而全贞。荀氏尚遗尸于郭家,慕容氏且先归于己第。较之荀采,更胜一筹矣！

七十九 丰妻裙带

【原文】晋南燕慕容德之女①,善书史,能鼓琴。德僭位,署为平原公主②。年十四,适段丰为妻。丰为人所谮被杀③,德以改适余炽。慕容氏谓侍婢曰:"忠臣不事二君,贞女不更二夫。主上不顾礼义逼我失节,我若不从,则违严君之命矣④!"及婚,辞以疾,炽不敢近。越三日,托浴还第。至夕,密书裙带曰:"死后葬我段氏墓侧。"遂自缢浴室。

【注释】①南燕:晋时十六国之一,鲜卑族慕容德据之。②署:封。平原:山东县名,其故城在县南二十五里。③谮:诬斥,指无中生有地说人坏话。④严君:古代常称指父母亲。后专指父亲。

【译文】晋朝时,南燕国慕容德的女儿,善于读书明史,会弹琴。后来慕容德僭了国君的位子,就把女儿封为平原公主。十四岁时,嫁给段丰做妻子。后来段丰被人所诬陷,被慕容德杀死了。慕容德又把女儿改嫁给余炽,女儿慕容氏就对侍女说:"忠心的臣子不肯服侍两个异姓的君主,贞洁的女子不肯嫁两个丈夫。现在皇上不顾礼义逼着我失节改嫁,我如果不听从他的话,就违背了父亲的命令!"等到结了婚以后,慕容氏就以身体不适为借口推辞,余炽才不敢去亲近他。过了三天慕容氏借口说要洗浴,就回到自己的府第里。到了傍晚,她在裙带上秘密写道:"我死了以后,要把我的尸首葬在段家坟墓的旁边。"于是就在浴室里上吊自杀了。

八十 柳妃同穴

恪妃柳氏
生死相偕
誓与同穴
不得别埋

【原评】王风有同穴之诗,而柳妃有同穴之誓。竟告使者而自经,以实践其誓,女子贞信自持,固如是也。然苟有可以缓死之道,则迟早均可同穴,亦何必尔尔。而处柳妃之境,则不得不然耳。

【原文】隋循州刺史柳旦之女①,为襄城王恪妃②。未几,恪被废。柳氏修妇道,事恪愈敬。炀帝即位③,徙恪于边,复使人中道杀恪。恪与柳氏诀。柳氏曰:"若王死,妾誓不独生。"于是相对痛哭。恪既死,棺殓讫,柳氏谓使者曰:"妾誓与王同穴。若身死之后,得不别埋,君之惠也。"遂抚棺恸哭,自经而卒④。见者莫不为之流涕。

【注释】①循州:故治在今广东惠州市惠阳区东北。刺史:谓州守,即后来的知府、知州。②襄城:隋炀帝时属襄阳郡襄阳县,治所即今湖北襄阳市汉水南襄阳城。③炀帝:即隋炀帝,隋朝第二位皇帝。④自经:上吊自杀。

【译文】隋朝时循州刺史柳旦的女儿,是襄城王杨恪的妃子。不久,恪被废除了王位,柳氏勤修妇道,服侍杨恪更加恭敬。炀帝登了皇位以后,把杨恪迁移到边疆去,又派了人在半路上杀杨恪。杨恪和柳氏诀别,柳氏说道:"如果您死了,我发誓决不独自一人活着。"于是相对痛哭起来。杨恪死了以后,用棺木把他收殓完毕,柳氏就对炀帝派来的使者说:"我发过誓要和王合葬的,若是我死了以后,能够和王合葬,不被埋到别的地方去,就是您的大恩惠。"于是就抚着杨恪的棺木痛哭,然后上吊自杀死了。看见她的人没有一个不为她流泪。

八十 柳妃同穴

八十一 淑英守志

淑英夫徙
父奏雖婚
訣别久守
卒歸李門

【原评】女子出嫁从夫,固不必再从父也。而淑英之父,以德武远徙,奏请离婚,炀帝且听之矣。乃淑英以不贰天为誓,始终从夫。君父之命,亦不从焉,是女子之善择所从者。十余年后,破镜重圆,报施不爽矣(爽:差错)!

【原文】隋李德武妻裴淑英,尚书矩女也①。德武以父罪从坐,徙岭表。矩奏离婚,炀帝听之。德武与裴诀。裴泣曰:"妇无再醮②。夫者天也,天可贰乎?"因操刀欲割耳自誓,保母夺刀不遂。乃毁容,不御膏沐③。累年,夫姑姊妹在都邑者,岁时命左右省焉④。久之,德武音问断绝。矩欲夺其志,淑英乃断发绝粒。后十余年,德武还,复为夫妇。

【注释】①尚书:总管各部之官。隋唐时确立三省制度,尚书省为行政的总汇。②再醮:重嫁。旧时指妇女在丈夫死后再结婚。③膏沐:古代妇女润发的油脂。④岁时:每年令节。

【译文】隋朝李德武的妻子裴淑英,是尚书裴矩的女儿。李德武因为父亲得罪而受牵连一并获罪,被贬到了岭南去。裴矩上奏章到皇帝那里要求和李家断绝婚约,炀帝同意了。李德武知道后就去和裴淑英诀别。裴淑英流着眼泪说:"妇人没有重嫁的道理。丈夫就像是天,天能够有两个的吗?"于是拿了刀想要割耳朵,表示决心。她的保母把刀夺了去,总算没有割成。淑英就毁坏自己的容颜,也不再使用膏沐。过了好几年,淑英每到四时八节的时候,就差了身边的下人去探望问候丈夫的那些住在京城里的亲戚。久而久之,李德武的音信就断绝了。裴矩又想要迫使她改嫁,淑英就割断头发,断绝饮食。十几年以后,李德武回来了,两个人就又成为了夫妇。

八十一 淑英守志

八十二 璘女截耳

赵璘之女
盐院直陈
截耳示信
得保父身

【原评】盗贩私盐，律论死罪，固不可逭也(逭：逃避)。母亡女幼，迫于饥寒而为之者，亦比比矣(比比：频频)。安得一直言不讳，截耳示信之璘女乎？璘女之言，天理国法人情皆备焉，信誓旦旦(旦旦：至诚恳切的样子)，得以上闻。诏书特许免死，璘亦幸矣！

【原文】唐赵璘女，山阳人①。咸通六年②，璘以盗贩私盐，坐罪论死。女乃怀刃，自赴盐院以诉曰③："妾父迫于饥寒，不得已而盗，聊以救死耳。其情有可原也。公能原之否？妾七岁母亡，蒙父以私盐微利，得以衣食至今。若妾父不得原，请相随以死。"因出怀中刃，截耳以示信④。院官嘉其志，据以上闻。诏减璘罪免死，女遂侍璘不嫁。

【注释】①山阳：故城在今河南修武县。②咸通：唐懿宗年号。③盐院：唐代掌管煮盐、榷盐等盐政之机构。④截：断，以刀割断。

【译文】唐朝赵璘的女儿，是山阳地方的人。在咸通六年的时候，赵璘因为非法贩卖私盐，获罪判处死刑。他的女儿就在怀里藏了一把刀，自己到盐官那里去申诉说："我的父亲被饥饿寒冷所迫，不得已才去贩卖私盐，勉强用来谋求活命。他的行为按情理有可原谅的地方。您能不能够原谅他呢？我在七岁的时候，母亲就死了，承蒙父亲用贩卖私盐所得的微利，得以养我活到现在。如果我父亲不能得到原谅，那么请允许我用死来追随他。"于是就拿出怀中所藏着的刀，割掉耳朵来表示她的诚信。那个盐官很赞许她的孝心，就把这件事情上报使皇上知道。皇帝就下诏减轻赵璘的罪刑，赦免他的死罪。于是赵璘的女儿终身侍奉着父亲，没有嫁人。

八十三　张女不诬

张女诀母
不可自诬
天地震动
得免无辜

【原评】张女受坑缚火逼水沃之严刑（坑缚：指掘地为坎，把人绑住并放置在坎中。火逼水沃：指旁列炽火，间或用水浇之），不肯自诬。临终且告母以宁死棰楚，不可自诬；死后尚欲讼冤，竟至惊天动地。使勘官自疑其狱，诚祷于天，坠猿入梦，冤狱以明。诚信之所感，其效验不可思议也。

【原文】宋张杨氏率女赴婚会①,其典库雍乙从行②。乙先归,死于库。提刑疑杨有私③,严刑鞫治④,终不服。女谓母曰:"母以清洁闻,奈何受此污辱?宁死棰楚⑤,不可自诬。女今死,将诉冤于天。"遂号哭死,地大震三日⑥,天雨雪。勘官疑焉⑦,祷于神,梦有猿坠前。因执馈食者袁大讯之⑧。曰:"适盗库金,会乙归。惧泄,遂杀之。"官乃赦杨而旌其门。

【注释】①婚会:亲党婚姻之宴会。②典库:守库者。③提刑:提点刑狱官的简称。④鞫:审问犯人。⑤棰楚:指鞭杖之类刑具。⑥震:地动。⑦勘官:鞫囚之官。⑧馈食者:受雇佣于张氏,负责送食物到牢狱里。讯:问,特指法庭中的审问。

【译文】宋朝时候,有个妇人张杨氏,带领女儿去亲戚的婚宴。她家守库房的人雍乙跟随她们一起去。雍乙先回到了家里,死在了库房里。提点刑狱官怀疑张杨氏和别人有私情,把雍乙谋杀了,就用了残酷的刑罚去审问她。可是张杨氏终究没有屈招。张杨氏的女儿就对母亲说:"母亲向来以清白出名,怎么可以遭受这种污辱呢?宁可死在刑具之下,也不能自行承认这些妄加的罪名。女儿现在就要死了,将向上天诉说冤屈。"于是就号哭着,竟然死了。那时大地极大地震动了三天,天上下起了雪花。勘官对这件事情感到很怀疑,就去向神明祷告,之后便做梦看见有一只猿猴在自己面前坠落。于是他就把张家负责送饭到牢里的袁大捉了起来大力审问。袁大说:"那时候我正好在偷库房里的银子,恰巧碰上雍乙回来了。我害怕事情泄露,就杀了他。"勘官就赦免了张杨氏,并且在张家门前表彰她们的事迹。

八十四　秦柴遵嘱

元秦柴氏
遵嘱不忘
詣官乞代
信德彌彰

【原评】 秦柴氏遵夫遗嘱，愿以己子代前妻子之死，其守信固无论矣。最难得者，其子亦甘代死于无形，引为己罪，鞠至濒死，不易其词。卒得两释，并耀门闾，以母之守信故。而其子之孝悌仁义弥彰矣(弥：更加)！

【原文】元秦闰夫继妻柴氏，甫生子而闰夫病。将死，以前妻子为托。柴遵遗嘱，鞠如己出。厥后前妻子坐法当诛。柴引己子诣官诉，愿以代。其己子亦前请曰："我之罪也，岂可加于我兄乎？"鞠至濒死①，不易其词。吏疑次子非柴出，讯他囚知之，乃太息曰："嗟夫！妇不忘夫命，信也；子赴死，成母志，仁也。"上其事②，两释之，而旌其门。

【注释】①濒：靠近，临近。②上：由下而上。

【译文】元朝秦闰夫的后妻柴氏，刚刚生下了一个儿子，而丈夫却生了病。秦闰夫快要死的时候，就把前妻所生的儿子托付给柴氏。柴氏遵守了丈夫的遗嘱，养育前妻生的儿子如同自己所生的一样。后来前妻的儿子犯了法，被判了死罪。柴氏就领了自己的儿子到官府那里去陈说，愿意用自己的儿子去代替。柴氏的儿子也上前请求说："这是我的罪名，怎么能加在我哥哥的身上呢？"于是问官就严刑审问柴氏的儿子，他抵死也不肯改变他的供词。问官就怀疑这第二个儿子不是柴氏亲生的。后来去审问了其他犯人才知道了实情，审问官叹息说："唉，做妻子的不忘记丈夫的命令，这就是信；做儿子的愿意去代替兄长死，这是要成全母亲的志愿。这就是仁啊！"于是上报朝廷。最后把柴氏的两个儿子都释放了，又表彰了他们家。

八十五　八娘守誓

[原评]男不婚,女不嫁,君子不以为然。然八娘有不能嫁者:父殁家贫,母氏形单影只,难以抚弟,一也;既已许母,若有弟则抚之终身,不可失信,二也;至于赘婿即有外心一言,益可见其信守之坚矣!

【原文】 明吴缙女八娘,生十余年而缙卒。母石氏方妊,泣语之曰:"若生男则可不死,顾奈家贫何?"八娘慨然曰:"倘天祐我父①,使有弟,愿抚之终身。"后石氏果生男,遂坚守前誓。及八娘笄②,石氏欲为赘婿③。八娘曰:"有婿即有外心。"竟不听。嗣是屏去铅华,勤绩纴以供母弟衣食④。至年七十六卒,葬铜坑陈家坞⑤。人呼为小娘子冢云。

【注释】 ①祐:保祐。②笄:古代特指女子十五岁可以盘发插笄的年龄,即成年。③赘婿:指就婚、定居于女家的男子。以女之父母为父母,所生子女从母姓,承嗣母方宗祧。④绩纴:缉麻纺织。绩,把麻搓捻成线或绳;纴,绕线。泛指纺织。⑤铜坑:在今浙江新昌。**陈家坞**:村名。

【译文】 明朝吴缙的女儿八娘,生下来到十多岁的时候,吴缙就死了。八娘的母亲石氏当时正怀着孕,哭着对八娘说:"假若生了男孩,那么我就能不死。不过家里这么贫穷,又能怎么办呢?"八娘听了慨然地说:"倘若上天保祐我的父亲,让我有一个弟弟,我愿意终身抚养他。"后来石氏果然生了一个男孩,于是八娘就坚守从前的誓言。等到八娘年满十五岁的时候,石氏想要为她招赘一个女婿。八娘说:"有了丈夫后就有了外心。"竟然不肯答应。从此以后,八娘除却妆粉,辛勤地缉麻纺织来供养母亲和弟弟的衣食。她一直活到七十六岁才去世,被葬在了铜坑的陈家坞里。人们把这座坟称为小娘子坟。

八十六　妙清劓面

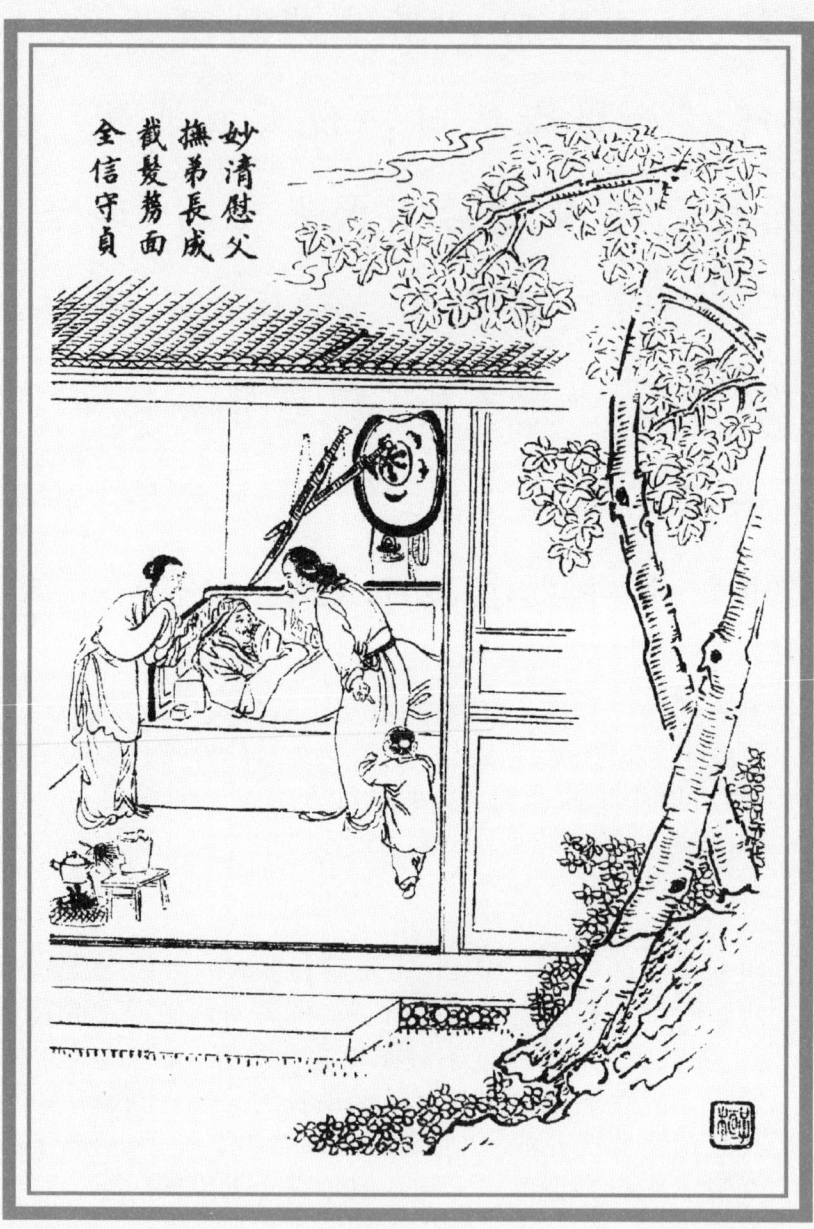

妙清慰父
抚弟长成
截发劓面
全信守贞

【原评】奉事其后母,孝也;抚其异母弟,悌也;保其父之荫,忠也;不食其前言,信也;不为从兄诱,礼也;劓面以守志,义也;勤女红,自给衣食,不累戚族,不贻亲羞,廉耻备矣。如此完人而出于女子,於戏,可以风矣!

八十六 妙清剺面

【原文】明叶荣女妙清，幼丧母。荣官右卫千户①，临殁，谓妙清曰："吾赴战阵，出万死，得一官。今中道死，子震幼且弱。族人利吾官者②，行将不利于震。汝以女子从一少年，后母将奈何？"妙清曰："愿弗嫁，侍母，抚弟长成袭父职，不贻父忧。"荣乃瞑③。后荣兄子果欲夺震官，百计诱妙清嫁。妙清截发剺面④。勤女红⑤，给衣食资。震赖以成立。

【注释】①右卫千户：官名。属于右卫所之官，掌兵千人，官与兵多世袭者。②利吾官：谓贪吾官职。③瞑：闭上眼睛。④剺：割；划开。⑤红：古同"工"，指妇女的生产作业，纺织、缝纫、刺绣等。

【译文】明朝叶荣的女儿叶妙清，年幼的时候就死了母亲。叶荣做了右卫千户的官，临死的时候对妙清说："我在战场上进进出出，冒着生命危险才得到了这个官职。现在中途死去，儿子叶震年纪小又很软弱。我们族里想贪我官职的人，他们的举动将会对震不利。你是个女子，将来嫁了年轻的小伙子后，你的后娘将怎么办呢？"妙清就说："我情愿不嫁人，在家里侍奉母亲，抚养弟弟长大成人继承父亲的官职，不让父亲担忧。"叶荣就闭上了眼睛死了。后来叶荣哥哥的儿子果然想要夺取叶震的官爵，用尽了各种办法来诱骗妙清嫁人。妙清就割断头发，用刀划破面孔，来表示她不嫁人的决心。她勤劳地做着女工，供给一家的衣食费用，依靠她叶震终于得以成长自立。

八十七　冬梅践言

冬梅受託
偕植登舆
訴於主友
汪宅同居

【原评】许植幼年所处境界，与汉李续同其艰险。而冬梅以十三岁女子，能任托孤之重，则较李善为难矣。士君子见之，当望尘而拜(望尘而拜：看见车扬起的尘土就下拜。表示最恭敬的礼节)，敢谓婢女中无伟大人物耶？至宗人高其行，事以主妇礼而固辞，尤贤矣。

【原文】明许世达婢冬梅,年十三,世达殁。子植未周,其妻病笃,曰:"吾夫妇仅此儿,无可托,奈何?"冬梅泣曰:"万一不幸,婢愿留抚不嫁。"妻卒,冬梅含哺鞠植①。家人利其资②,欲嫁冬梅而杀植。冬梅请与植偕,乃登舆。途经汪家,绐舁者向索寄饰③。下舆,入诉于汪。汪乃留于家,而让迫嫁者④。及植长,为娶妇育子。寿至八十二,以处子终。

【注释】①哺:口中含嚼的食物。②利:贪。③舁者:指抬轿的人,即轿夫。舁,共同抬东西。④让:责备,谴责。

【译文】明朝许世达的家里有个婢女,叫冬梅。冬梅十三岁的时候,许世达就死了。当时许世达的儿子许植还没有一周岁,而他的妻子的病情也很沉重。他的妻子对冬梅说:"我们夫妻俩只有这个儿子,现在没有人能够托付,怎么办呢?"冬梅听了主母的这一番话,就哭着说:"万一不幸主母您也死了,奴婢情愿留下来抚养小主人,不去嫁人。"许世达的妻子死了,冬梅就嚼食物来养育许植。家里的人贪图许植的那份财产,想要把冬梅出嫁了,然后杀掉许植。出嫁时冬梅请求带许植一起去,于是就一同上了轿子。途中经过一户姓汪的人家时,冬梅就骗抬轿的人说她要去向这家人索取她从前寄存的首饰。于是就下了轿子,进去向汪家人陈诉了情况。汪家的主人就把他们留在家里,又去责备逼迫冬梅出嫁的人。后来等到许植长大了,冬梅就给他娶了媳妇,为他养育儿子。冬梅一直活到了八十二岁,到死的时候还是个处子。

八十八 张台红帨

臺氏許殉
三日為期
紅帨自縊
婢救恨之

【原评】自杀殉夫，烈则烈矣，而贤者所不取，不可以为法。若张台氏则不得不死矣。夫病革时，许以自殉，订期三日。夫不止之，而反付以红帨为诀。夫固乐其死也，妻亦必践其言也。迟以三日(迟：推迟)，特粗具丧葬耳。

【原文】明诸生张云鹏妻台氏，夫病，单衣蔬食，祷天愿代，割臂为糜以进①。夫病危，许以身殉，订期三日。夫付红帨为诀②，号泣受之。夫卒，越三日，结所受红帨以就缢。侍婢救之。不死，恨曰："何物奴，败我事，令我负三日之约！"自是水浆不入口，举声一哭，热血迸流③。至七日，顿足曰："迟矣！郎得毋疑我乎？"母偶出，自栉沐④，扃户⑤，而缢死。

【注释】①糜：粥。②帨：佩巾。古代女子出嫁时，母亲所授。用以擦拭不洁。在家时挂在门右，外出时系在身左。③迸：涌出；喷射。④栉：理发。沐：洗头发。⑤扃：上闩、关门。

【译文】明朝秀才张云鹏的妻子台氏，她在丈夫生病时，穿着单薄的衣服，吃着粗糙的菜食，向上天祷告说情愿代替丈夫生病，还割了自己手臂上的肉做了粥来给丈夫吃。等到丈夫病情危急时候，台氏答应丈夫在他死后三天就舍身来追随他。丈夫给了台氏一条红佩巾作为诀别。台氏号啕大哭着接受了这条佩巾。丈夫死后，过了三天，台氏就把丈夫给她的那条红佩巾打了结，准备上吊。她的侍女看见了便救下了她。台氏没有死成，对侍女怨恨道："你这个可恶的奴才，坏了我的事情，让我违背了三天的期约！"从此以后，台氏不吃不喝，连水浆一滴也不入口，放声一哭，就有热血喷了出来。到了丈夫死后的第七天，她顿着脚说："迟了啊！郎君能不怀疑我失信了吗？"等母亲偶然走开的时候，她就自己梳洗了头发，关上门户，上吊死了。

八十八　张台红帨

八十九 项女不负

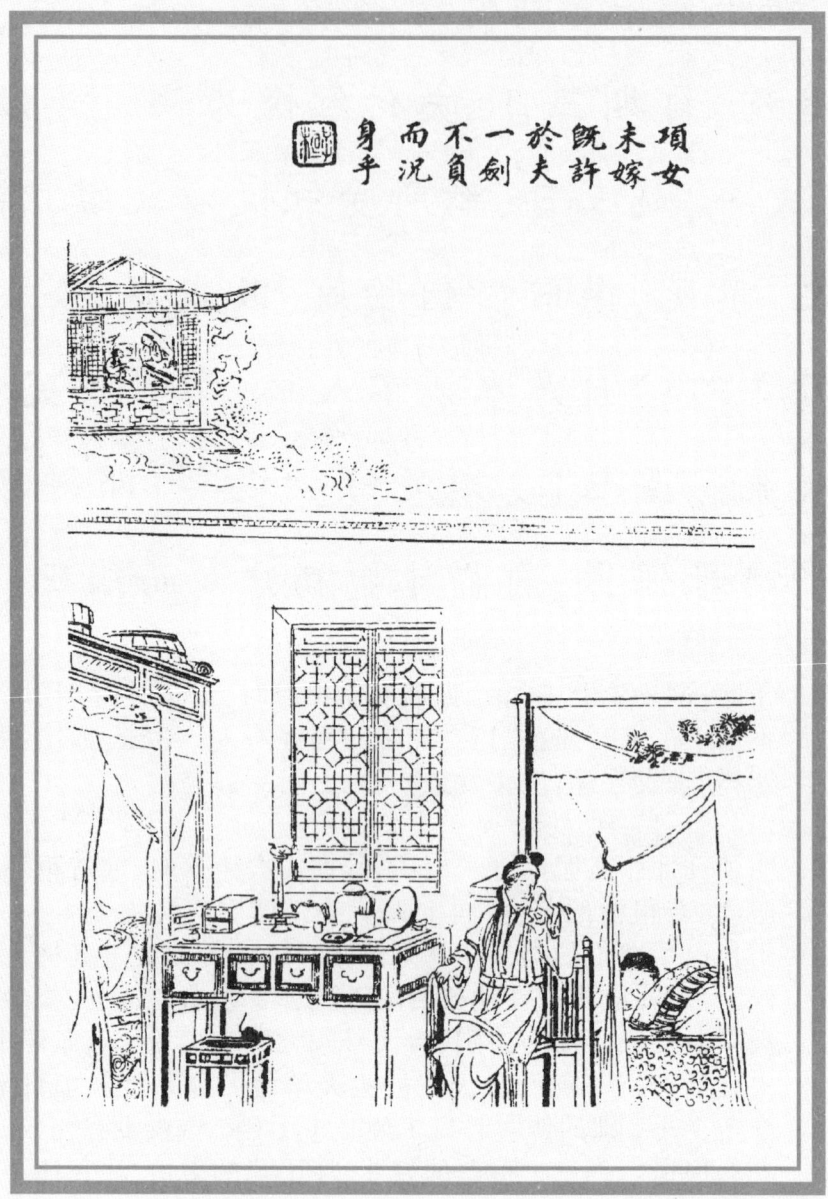

项女既许嫁未夫,于一剑不负,而况身乎

【原评】宁人负我,无我负人,此士君子之信行也。若项女未嫁而夫亡,夫非有心负之也。未妇而改字,女亦不为负夫也。乃曰:"昔贤以一剑许人,犹不肯负,况身乎?"其重信轻生若此。吾惟敬其心,而悲其遇矣!

【原文】明项道亨女,字吴江周应祁①。年十九,闻周病,持斋默祝。一日,谓乳姬曰:"未嫁而夫亡,当奈何?"曰:"未成妇,改字无害。"女正容曰:"昔贤以一剑许人,犹不肯负,况身乎?"及讣闻②,父母秘其事。然传言吴江人来,女已喻。夜俟诸婢熟睡,独起,以素丝约发,内外悉衣以缟③,而纫其下裳④,大书几上而自缢。两家父母,从其志,合葬焉。

【注释】①吴江:即吴淞江。②讣:报丧,报丧的通知。③缟:细白的生绢。④纫:缝纫;缝补。

【译文】明朝项道亨的女儿,许配给吴江人周应祁做妻子。十九岁的时候,她得知周应祁生了病,就吃素食暗暗为他祝告。有一天,项道亨的女儿问她乳母:"假使做女子的,还没有嫁过去,可是未婚夫却死了,这应当怎么办好呢?"乳母回答说:"还没有成为人家的妻子,那么改嫁另外许给人家是没有妨害的。"项女听了神情变得庄重严肃起来,说道:"从前的圣贤人把一柄宝剑答应给了别人,还不肯失信的,何况是把身体许给人家这样的事呢?"等到周应祁死了,报丧的通知到了,项家父母保密。但是有人传说吴江差了人来,项女心里已经明白了。夜里,等婢女们都熟睡了,她就独自起来,用了白丝束起了头发,把内外的衣服都换成了白色,并把下身的裙子用线缝好,在几上写下几个大字,就上吊自杀了。两家的父母顺从了她的志愿,把她和未婚夫合葬了。

九十　张洪誓茔

洪氏立誓
同穴结茔
逼嫁欲缢
造墓辞行

【原评】张洪氏豫结茔而誓同穴,其信守已昭明显著矣。乃一迫于其姑之夺志,再迫于富者之求婚,三迫于族人之纳聘,卒以自缢全贞。而其姑不怜其守节之心,徒怜其无子之寡,误用姑息之爱矣(姑息:姑谓妇女,息谓小儿)。噫!

九十 张洪誓茔

【原文】 明张友妻洪氏,歙人①。友久患阴溃②,洪氏竭力调养,不以为秽,以口舐之③。友卒,既葬,洪豫结茔,誓同穴。辛勤养姑。姑怜其早寡无子,欲夺其志。洪不听。后有富者求为配,族人与姑阴纳聘。至期,逼嫁。洪佯语曰:"嫁不辞,当与夫别。"乃具酒馔,造夫墓④,哭而归。诣姑,从容告别,入室,闭门自缢死。士大夫咸伤悼,作诗歌挽之⑤。

【注释】 ①歙:县名,中国安徽省南部的县。②阴溃:阴茎溃烂。③舐:以舌舔物。④造:到,去。⑤挽:悼念死者。

【译文】 明朝张友的妻子洪氏,是安徽歙县人。张友下身处患有溃烂已经好久了,洪氏竭尽全力帮他调养,不觉得污秽,还用口去舐他溃烂的地方。后来张友死了,安葬之后,洪氏就预先造了坟穴,发誓死后要和丈夫同葬一个墓穴。她辛苦勤劳地奉养着婆婆,婆婆可怜她早早守了寡,没有儿子,就想把她改嫁,洪氏不肯答应。后来有个有钱人请求娶她为妻子,族里的人和她婆婆私下收受了聘金。到了约定的日子,他们就逼着洪氏嫁过去。洪氏假装对他们说:"要我改嫁,我也不推辞。不过应当让我先和丈夫告别一下。"于是就准备了酒食,到丈夫的坟前去,痛哭了一番后便回到家里。洪氏到婆婆那里去,从容地向她告别,进入自己的房里后,便关上了门,上吊自杀了。当时的读书人都为她悲伤、悼念,作了许多诗歌来哀挽她。

九十一　卢女慰父

卢文烈女一语慰亲，自缢绐巾，信守终身

【原评】卢女于父病革之时，一言慰父，终身践言。其于母及卢氏之祖先，尽其孝；于二弟及二弟之妇，尽其悌；于既殁之父，尽其忠且尽其信。盖惟幼时文烈与讲古节孝事，固已立其基矣！而谓幼女可忽乎？

【原文】明卢文烈女，幼时，文烈与讲古节孝事，颇省大要。年十六，文烈病革①，谓曰："汝母年尚少，二弟幼，汝嫁，母弟将安依？"女曰："儿愿与母弟相守终身。"文烈卒。母曰："吾力不能保汝二弟，况能及汝乎？"女曰："儿可自食其力。"乃制网巾售之②，以给衣食。稍给，节口体，祭卢氏先。二弟长，为娶妇。妇或忤姑③，女即不食自责。久之妇化焉。

【注释】①病革：病势危急。革，急。②网巾：以丝结成的网状头巾，用以束发。售：卖。③忤：抵触，不顺从。

【译文】明朝卢文烈的女儿年幼时，卢文烈跟她讲古人节孝的故事，她就能领会大义。十六岁的时候，卢文烈病势危急，就对女儿说："你母亲年纪还年轻，两个弟弟又小，将来你若嫁了人，你母亲和弟弟们去依靠谁呢？"卢女说："女儿情愿和母亲弟弟们终身相守。"卢文烈死了以后，母亲对卢女说："我的力量尚且不能保住你的两个弟弟，哪里还能顾及你呢？"卢女说："女儿能够依靠自己的力气来生活。"于是做了裹发的网巾去售卖，所得的钱用来供应衣服和食物。等到衣食稍稍充足了，就节约吃穿，剩下的钱用来祭祀卢家的祖先。后来两个弟弟长大成人了，卢女就为他们娶了新妇。媳妇有时忤逆了婆婆，卢女就不吃东西，自我责罚。久而久之，她的弟妇们都被她的行为感化了，对婆婆孝顺起来。

九十一 卢女慰父

九十二　王陈抱子

陳氏一語生死以之其身被殺子尚抱持

【原评】谭赵氏抱子而死,以义也;王陈氏抱子而死,则以信。谭赵氏甘死而已;王陈氏则自死三次,均不得死。天盖历试其心矣!妇人之于夫,固不仅一死可以塞责也。至不得已而死,乃所谓虽死犹生耳。

九十二 王陈抱子

【原文】明泾阳王生妻陈氏①,有子方晬②。生病笃将死,以遗孩嘱陈氏。陈氏曰:"吾当生死以之!"流贼至,陈氏抱子避楼上。贼焚楼,陈氏从楼檐跃下③,不得死。贼以其美丽,挟之马上。陈氏跃身坠地者再。最后以索缚之,行数里。陈氏力断所系索,并鞍坠焉。贼知不可夺,乃杀之。贼退,家人收其尸,子呱呱怀中,两手犹坚抱如故。

【注释】①泾阳:陕西县名。②晬:古代称婴儿满一百天或一周岁。③檐:房顶伸出墙壁的部分,即屋檐。

【译文】明朝泾阳县的一个姓王的书生,他的妻子陈氏,生了一个儿子,刚满一周岁。王生得了病,病势沉重,要死的时候他把儿子嘱托陈氏。陈氏说:"我一定不顾自己生死地保护他!"流贼到了,陈氏抱了儿子在楼上躲避。流贼于是放火烧楼。陈氏就从楼檐上面跳下去,恰好没有跌死。流贼因为陈氏长得美丽,就把她挟到了马背上。陈氏将身体回缩,用力一跳,坠落到地上来,这样做了两次。流贼最后就用绳子捆绑住她,走了好几里路。陈氏用尽了力气挣断了绑在她身上的绳子,人同着马鞍一并坠落到了地上。流贼知道不能改变她的心志,就把她杀害了。等到流贼退出了泾阳县以后,家里的人去收陈氏的尸首,发现她的儿子还在她的怀抱里呱呱的哭着,而陈氏的两只手还跟原来一样牢牢地抱着他。

九十三 汪孙先决

孙氏贞信
良人未知
病不兴矣
死以先之

【原评】 汪孙氏先决以信夫心,论者谓其不从夫命,非也!妇人从一不从二,所谓从夫者,乃从夫之正,不正则不从。其言曰:"窃计必大事毕而后从君。"固早已计所从矣,不得信乎夫,则先决以明之。哀哉!

【原文】 明汪永锡妻孙氏，歙县人也①。永锡家故贫，佣工卖饼为业。娶孙氏，颜甚庄。居数年，永锡病瘵②。及疾革，蒲伏据床③，语孙氏曰："吾病久，赖子以迄于今。愿天授嘉耦④，以答子劳，吾不能报子矣！"孙氏痛哭曰："君即不讳⑤，窃计必大事毕，而后从君。嗟乎！君言贰妾矣。妾宁早决以信君心，无问后事。"遂饮药，先永锡十日而死。

【注释】 ①**歙县**：安徽县名。②**瘵**：肺痨病，俗称痨瘵。③**蒲**：古同"匍"，匍伏。④**耦**：配偶。⑤**不讳**：死亡的婉辞。

【译文】 明朝汪永锡的妻子孙氏，是歙县人。汪永锡的家里向来就很穷苦，以做佣工和卖饼为职业。后来娶了孙氏，她的面容很端庄。一同居住了几年后，汪永锡生了肺痨病。等到病情危急时，汪永锡匍伏在床上对妻子孙氏说："我生病了很久，靠你的照顾才得以到了现在。我希望上天给你一个好配偶，来报答你的辛苦。我这辈子是不能报答你的了！"孙氏痛哭着说："倘若你死了，我打算把丧葬的大事办成，就跟随你到泉下去。现在你这样说就是怀疑我有二心了。我宁可早点自杀来使你的心相信，不再去过问身后的事了。"于是就喝了毒药，比汪永锡早十天死了。

九十四 宙姐六日

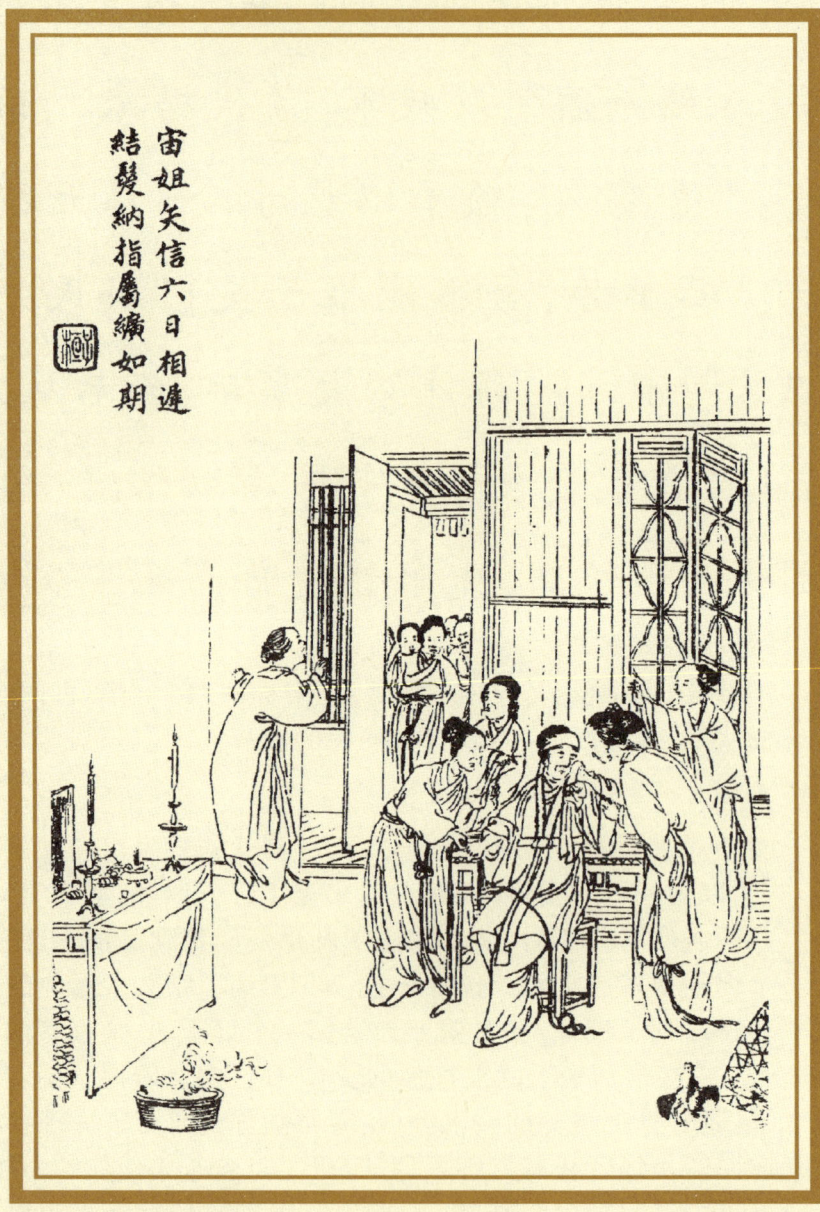

宙姐矢信六日相遇
结髪纳指属纊如期

【原评】王卢氏秋以为期,张台氏订以三日,而陈宙姐则六日为约,竟各如期而死。然王卢氏、张台氏,均自杀也。若陈宙姐从容不迫,太息一声,属纩一语,整容而逝,颜色如生,家人犹意其复苏也。呜呼!烈矣!

【原文】明黄一卿妻陈宙姐①,婚六年,一卿病不起。与诀,嘱依母以自爱。陈曰:"君倘不测,直杀身相从,宁能有腼旋反?"遂擢发②,结于一卿发,纳指于一卿口,令啮为信③,约:"六日,迟我地下。"一卿卒,治匠事,陈求再具一棺。哀恸绝粒,屡经救免。至六日,忽太息曰:"鸡鸣矣!正我夫属纩辰也④。"整容而逝,颜色如生。事闻,表其门曰"贞烈"。

【注释】①卿:一作"乡"。②擢:拔。③啮:用嘴咬。④属纩:指临终。纩,絮衣服的新丝绵。新丝绵絮容易动摇,古人临死时,置纩于其口鼻之上,以验气息之有无。

【译文】明朝黄一卿的妻子叫陈宙姐。他们夫妻俩结婚六年,黄一卿得病后就再也起不了床。黄一卿和妻子诀别,嘱咐她回娘家去依靠母亲,爱护好自己。陈氏说:"倘若你真有个不测,我就自杀随你而去。怎么能惭愧地回到娘家去呢?"于是就拔了一把头发,和黄一卿的头发结在了一起,又把自己的手指放进黄一卿的嘴里,让他咬一下作为信记,并约定:"六天以后,在九泉下等我。"黄一卿死了以后,家里叫了工匠来做棺木,陈宙姐请求木匠再准备一具棺木。她哭得极其悲痛,并且断绝了饮食,屡次寻死都被家里的人给救免了。到了黄一卿死后的第六天,陈氏忽然大声说:"雄鸡叫了!这正是我丈夫断气的时候。"于是整肃仪容便去世了,死后脸色和活着时一样。这件事后来被朝廷知道了,于是就在她家门口立了一块"贞烈"牌匾来表彰她。

九十五 王卢俟秋

卢夫氏葬日从死者开疑及期信矣

[原评] 王卢氏有姑在,似未可死也;且有谷,亦不至死也。乃既作当从之语,夫无止死之言;儿女俱无,妯娌具在,岂可失信于死者?至因天暑无棺,恐更累于亲戚,乃以秋为期。是其仁心,且及于死后矣!

【原文】明王瀚妻卢氏,颍州人①。家贫,舂织终岁。崇祯十四年,大饥,夫患疫。卢语夫曰:"君死我当从。"及夫死,时当溽暑②,卢氏求亲戚敛钱以葬③。曰:"我当死,但酷热无衣棺,恐更为亲戚累,迟之秋爽耳。"闻者哈之④。及秋,尽粜其新谷⑤,置麤布衣⑥,余买酒蔬,亲祀夫墓。归至家,市梨数十以进姑,并贻姒娌⑦,语人曰:"我可死矣。"夜半自缢。

【注释】①颍州:即今安徽阜阳市。②溽暑:指盛夏气候潮湿闷热。溽,湿热。③敛:聚集。④哈:嗤笑。⑤粜:卖出谷物。⑥麤:同"粗"。⑦姒娌:兄弟的妻子的合称。

【译文】明朝王瀚的妻子卢氏,是颍州人。她家里很穷苦,终年替人家舂米、织布来维持生活。崇祯十四年,颍州严重饥荒,卢氏的丈夫染上了疫病。卢氏对丈夫说:"你死了以后,我一定跟随你。"等到丈夫死的时候,当时正当盛夏,气候潮湿闷热,卢氏就请求亲戚聚集钱财来帮助她安葬丈夫,她说道:"按照我和丈夫的约定,我现在是应当死的了。但是现在天气太热,又没有葬衣和棺木,恐怕更加成为亲戚的负累。我且等到秋凉的时候再死。"听了她的话的人都讥笑她。到了这一年的秋天,卢氏把从田里刚收来的新谷全都出卖了,然后用这个钱去置办了粗布衣,剩下的钱便用来买了酒食菜蔬,亲自到丈夫的坟墓前去祭拜。回到家后,买了几十个梨头来送给婆婆和姆姆婶婶们,并对人说:"我现在可以死了。"于是卢氏就在当天半夜里上吊自杀了。

九十六 张邵受托

张妻邵氏
受托於夫
挺身護妾
罵賊忘軀

【原评】托孤而能不忘遗嘱,已属可敬;乃托妾而能谨遵夫命,尤为难得。盖妇人每不乐妾之有,夫在且然,况夫没乎?邵氏以受夫所托,乃于其妾为寇所迫之时,挺身骂贼,舍生护妾,浩然之气,充塞两间矣!

【原文】 明张一桂妻邵氏，邹县人①。一桂临终，以其妾李氏托付邵氏。后李氏为寇所迫，邵氏骂曰："亡夫以妾托我，岂令受辱？"寇怒，杀之。李氏知不免，绐寇曰②："我有簪珥埋后园井旁。"寇随李氏往发之。至则曰："主母为我死，我岂独生？"即投井。寇临井，欲挽之起③。李氏扭其衣骂曰④："贼奴！欲与我併死井底耶⑤？"寇解之不得脱，遂刃之。

【注释】 ①邹县：今山东邹城市。②绐：古同"诒"，欺骗；欺诈。③挽：牵引；拉。④扭：揪住。⑤併：同"并"。

【译文】 明朝张一桂的妻子邵氏，是邹县人。张一桂临终的时候，把他的小老婆李氏托付给邵氏。后来李氏被盗匪迫住了，邵氏就对那些盗匪道："我死去的丈夫把李氏托付给了我，我怎么肯让她受你们的羞辱呢！"盗匪听了非常生气，就把邵氏杀害了。李氏知道不能幸免，就骗着盗匪说："我有许多首饰埋在后园井旁边的地下。"于是盗匪就跟随着李氏去发掘。到了井旁，李氏就说："主母为了我死了，我怎么能独自存活呢？"说完话就跳进井里去了。盗匪到了井边，想要拉她起来。李氏揪住盗匪的衣服，骂道："贼奴才！想要和我一起死在井底吗？"盗匪想要解去她扭住的衣服，可是解不脱，于是就用刀把李氏杀害了。

宋璟责说图